解脫之門

靈鷲山四期教育
【阿含期】高階課程

靈鷲山四期教育教材編審會 監製

上 師 的 教 言

————————　◆　————————

　　我把成佛之道，根據佛陀一生歷程，分為四個階段教程——阿含期、般若期、法華期、華嚴期。我以這四期教育來培養人才，從在家居士到出家人都是一個主軸來貫穿，就很圓滿。可以攝宗歸教、三乘合一，不只是一宗一派，是整體佛陀的教育，這是我最重要的願力。這個教育願力的最大特色，是走實修路線，也要入世，基本上就是修行弘法的不二路線。

靈鷲山佛教教團　開山和尚

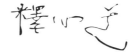

四期教育修學內涵與實踐藍圖

　　四期教育就是禪的四期教育，分成阿含、般若、法華、華嚴四期。禪的根本在心，四期教育的修持是以四無量心作為修學實踐的前行發心，從阿含期的出離心開始，到般若期的空觀心、法華期的菩提心，最後會歸到華嚴期的法界心，通過上師的教導而和上師、佛、眾生乃至法界一切的心相應，以心印心、緣起無盡，最終達至心、佛、眾生三無差別的法界實相。

一、阿含期——奠立學佛的良好根基

　　阿含期教育，以建立修學佛法的「解」、「行」基礎為主要目的。課程安排扣緊實修脈絡，培養穩固正見，令學員在生活中建立良善的行為軌則與生命方向，了解「工作即修行，生活即福田」，累積成佛資糧，修習禪修，安定身心，去除煩惱，增長智慧。

　　學習內容上，以佛陀對生命的探究與教導為依止，深入了解以「四聖諦」、「緣起法」、「五蘊無我」為核心

開展的生命教育，並以整套「三十七道品」來修持導向解脫的止、觀之學，在生活中實踐、體悟佛法，親自證知解脫清涼的生命。

二、般若期──空性智慧的培養

阿含期的教導幫助我們過著符合佛法的生活來建立完整的人格、僧格，並且以止觀修行來收攝心念，了悟苦、無常、無我的基本佛法洞見。而般若期則是在阿含期的基礎上，引導大眾進入佛法的核心部分，這是真正佛法智慧的開顯。

般若穿透一切、超越一切，不會只停留在自利部分，般若是自利利他，「人我」是空，「法我」也空，因為真正般若空性透徹一切法而無任何障礙，這是佛法的核心關鍵。

因此，般若期的重點是以空性為主，以體悟般若的緣起性空、空亦復空、無所有、不可得等為根本，而真正

的「空」必須透過「禪」才能夠達到，即是通過禪修實踐讓空性智慧能夠開顯並獲得自在。心道法師推行平安禪法的用意即在透過禪的實踐，回到心的原點，來開顯、引發般若智慧，由禪發慧、由慧顯禪，以般若穿透生命中的一切人、事、物，讓生命自在無礙，以成就智慧人生，並由此貫通一切佛法，連接到法華的菩提心願力。

三、法華期──菩提心願力的遍滿實踐

經過阿含期的人格養成以及般若期的智慧洗滌，把我們的心性工作弄好，法華期便有充足的資糧發起菩提心大願。成佛真正的原因，在於菩提心的生起與實踐，發起「上求佛道、下化眾生」的成佛種子，會三乘法歸於一佛乘。在《法華經》中，凡是能發心者，佛陀即給予「受未來能成佛的記莂」。這即是以般若波羅蜜為眼，前五度波羅蜜為足，從「性空緣起」出發，發起大菩提心來廣度一切有情眾生。因此，法華期的實踐重點，即是以堅固不退、遍滿無礙的菩提心願力，運用一切善巧方便、廣結善緣，持續不斷地行菩薩道來廣度眾生。

願力奉獻是成就福氣人生的關鍵，發起菩提心大願能夠感通廣大無盡的善願能量，形成「生命服務生命，生命奉獻生命」的善緣連結。配以禪修的修持，來鞏固菩提心，不讓它退失。亦即以空性智慧為基礎，悲智雙運，以四無量心的實踐來落實無盡利他的菩薩事業，幫助每一個需要幫助的眾生，連結生生世世的福德善緣，則能生生世世享有福氣人生，並且最終達致圓滿成佛。

四、華嚴期——圓滿成就、多元共生的生命共同體

　　華嚴是圓滿佛果的呈現，佛陀圓滿證果成道後，於《華嚴經》展現的教法，讓在場菩薩眾都了悟「信解行證」的修學次第，並經由「普賢十大願」入於究竟之一真法界的佛國境地。因此，華嚴期是從心出發，透過多元和諧精神的領會，在自身生命內圓融阿含、般若、法華的踐履，轉凡成聖，開顯一即一切、一切即一的生命共同體精神，落實「尊重每一個信仰，包容每一個族群，博愛每一個生命」的理念，進行跨領域、跨宗教、跨文化的遍滿實踐，向佛國境界的理想邁進，以達成和諧人生、圓融無礙、圓滿無盡的華嚴生命理境。

所以，在華嚴期的教導上，心道法師引領大眾弟子發普賢願心，行普賢願行，並效法善財童子遍滿參學的精神，拉開視野，多元學習，一同進入華嚴多元和諧、相依共存、和平共融的佛國淨土。

結語──實踐四期教育走在成佛的大道上

　　四期教育的修學，就是佛陀法教的內涵，是生命教育實踐的方法，也是我們證悟生命實相的成佛教育。

──心道法師

　　四期教育不僅是個人修持的實踐，也是菩提心善緣的連結，並由此串起教育、組織、弘法的關係，除了構成靈鷲山總本山的全部內涵，也是籌建生命和平大學、圓滿生命和平大學習的核心關鍵。

　　從人的具體生命、生活出發，由內到外、從迷轉悟，由個人而群體，關懷一切有情生命，呼應全球化時代的多元共生、和諧共存，並延伸成多元和諧、相互依存的大圓滿整全生命的實踐，不但體現完整的佛法教育，更

是圓滿究竟的成佛之道。而這些，都是為了圓滿「傳承諸佛法，利益一切眾」、實踐「愛與和平地球家」這一使命願景的具體實踐。

所以，我們要努力實踐、傳承和推廣四期教育，從自己出發並推及到身邊的人，讓人人都能通過四期教育的引導而走在成佛大道上。

——靈鷲山四期教育教材編審會

目錄

第一章　三十七道品總說

學習目標

- 明白分為七組的三十七道品，是能夠符合各類眾生根性的解脫法門，並構成了圓滿解脫的要素。
- 初步認識三十七道品——四念住、四正勤、四神足、五根、五力、七覺支、八正道——的內涵。
- 認識道品的樞紐：念。學習以其應對世間八法，調伏散亂、放逸的心。

一、以道品朝解脫前行

佛陀教導，唯有息滅一切煩惱，才能根除輪迴之苦。

為了令更多眾生明白不再陷溺生死的道理與方法，佛陀宣說了四聖諦、八正道，令眾生明白生死之苦，不再只是無可奈何的事實，而能藉著修習中道來出離、除滅。

這條修習道路的關鍵，就在於深刻認識到身心現象的無常、苦、無我，不再對身心產生渴愛與執取，好令生死的流轉走向還滅。以此，真正成為「**貪欲永盡，瞋恚永盡，愚癡永盡，一切煩惱永盡。**」[1] 的解脫聖者，放下五取蘊的生命重擔。

1　《雜阿含經・第 490 經》(CBETA, T02, no. 99, p. 126, b3-4)

（一）培育如實知見

息滅煩惱的方法，可精要收攝為戒、定、慧三學——以戒學調伏身心；以定學培養平穩、安定、專注的心態；並進一步透過慧學，培養照見身心實相的解脫智慧。

不過，就像蓮花池中處於不同生長階段的蓮花，有著各自適合的生長條件一樣，佛陀在說法時，也觀察到眾生有著不同的根器與學習階段，而有各自適合的學習方式。因此，在其弘法的數十年間，佛陀總會先考慮受教者的學習情況，再因材施教地帶出適合的教導。當學習者因緣成熟，適合以八正道教導時，佛陀便用八正道來教導；當眾生適合以其他的教法教導時，佛陀也將運用那樣的教法來教導學生。經典中，保留了許多佛陀如此善巧度眾的紀錄。從這些教導中所淬鍊出來的七組核心教法，即是三十七道品。

各組道品，都是遠離欲樂、捨棄無益苦行的中道行。[2]培育道品，能夠令修習者觀照的能力不斷地提昇，最終能夠在每個感官接觸外境的時刻，都保持清楚、明白，以如實觀察的智慧，觀察到身心現象的無常、苦、無我。以此破除無明，不在感受等處產生貪著、渴愛與後續的執取，達到脫離輪迴束縛的目的。

---

2 參《增支部・三集・裸形外道品》(PTS. A. 1. 295-297)

（二）三十七道品的內涵

三十七道品，在諸經論中有著許多名稱。由於其能助成學習者道業的進展，因此稱「三十七助道品」；作為聖者覺悟的要素或成分，亦稱為「三十七菩提分法」[3]。

三十七項的道品，可以分為四念住、四正勤、四神足、五根、五力、七覺支、八正道這七組。每一組道品，都是完整導向解脫的實修心要。各組道品之間，也有著緊密的關聯──當我們培育了任何一組道品，也能在其他組道品上取得進展。如經典所述，當圓滿地培育了八正道這組道品時，也就一併圓滿地培育了其他各組的道品：

> 八聖道修習滿足已，四念處修習滿足，四正勤、四如意足、五根、五力、七覺分修習滿足。[4]

各組道品簡要的意義，及其包含的項目如下：

3　此外，亦稱「三十七助菩提法」、「三十七品助道法」、「三十七菩提助法」、「三十七菩提分」、「三十七菩提黨法」等等。

4　《雜阿含經・第 305 經》(CBETA, T02, no. 99, p. 87, c3-5)

四念住	四正勤	四神足
於身、受、心、法安住隨觀	培育正確的努力	培育成就的基礎
身念住 受念住 心念住 法念住	未生惡令不生 已生惡令斷滅 未生善令生起 已生善令增長	欲神足 勤神足 心神足 觀神足

五根	五力
培育主導心的能力	培育不動搖的力量
信根 精進根 念根 定根 慧根	信力 精進力 念力 定力 慧力

七覺支	八正道
培育覺悟的要素	培育導向聖果之道
念覺支 擇法覺支 精進覺支 喜覺支 輕安覺支 定覺支 捨覺支	正見 正思惟 正語 正業 正命 正精進 正念 正定

（三）疾得漏盡

一次，在佛陀說法的場合，有位聞法的比丘內心起了疑問：「要怎麼樣地去了解，怎麼樣地觀察，才能夠使煩惱直接地滅盡呢？」佛陀感知到了這位比丘心裡生起的疑問，便趁這個機會，來教導大眾：

> 爾時，座中有一比丘作是念：「云何知、云何見，疾得漏盡？」
> 爾時，世尊知彼比丘心之所念，告諸比丘：「若有比丘於此座中作是念：『云何知、云何見，疾得漏盡？』者，我已說法言：『當善觀察諸陰，所謂四念處、四正勤、四如意足、五根、五力、七覺分、八聖道分。』」[5]

佛陀指出，想直接地斷除一切煩惱，最重要的就是如實地觀察身心五蘊的實相，也就是對身心的種種現象，都能以智慧與「明」來觀照，而不是停留在無知、無明的狀態。而七組道品的修習，正扣緊著這種觀照力的培養。

學習各組道品，不只是能夠對解脫的修學有更完整、全面的認識，更能在實際修學時，更好地來檢驗自身的

5　《雜阿含經・第 57 經》(CBETA, T02, no. 99, p. 14, a2-8)

修學。像是：有哪些地方應該要再加強呢？目前的練習方法，是否有不太和諧或不平衡之處呢？此外，熟悉、熟練各組道品時，也能夠更為靈活地來應對修行路上會遇到的課題或挑戰。譬如說：無論是在心力低落或是陷於掉舉時，在道品當中都能夠找到調整的方法。

佛陀在世時，許多請法的弟子，因為陷落於生命的苦，而前來學習如何離苦。弟子們依著適合各自的教法來修學、調整，進而親自體證了法教，成了教法的見證者。能夠這樣善巧地引導眾生走上解脫的道路，是佛陀的教法極為珍貴之處。因此，道品也被譬喻為不同功效的藥品，能夠對症下藥，來對治眾生行走在世間的種種煩惱：

> 如是等諸道法，各各為眾生說。譬如藥師不得
> 以一藥治眾病，眾病不同，藥亦不一；佛亦如是，
> 隨眾生心病種種，以眾藥治之。[6]

二、修習道品的譬喻

佛陀曾以三個譬喻，講解煩惱如何能被道品減消，以及修習道品時，應該具備什麼樣的態度。

6　《大智度論・三十七品義》(CBETA, T25, no. 1509, p. 198, a22-25)

（一）母雞孵蛋的譬喻

小雞要從雞蛋中破殼而出，必須要有一段發育的時間。產完蛋的母雞，會仔細地注意雞蛋發育的狀況，並花上許多的時間以身體、翅膀覆蓋著蛋，為其保持恆定的溫度。

這樣的日夜照料，就是希望小雞能夠順利地發育，有足夠的力量破殼而出。但如果母雞沒有好好地孵蛋，那麼牠的願望是不可能達成的。佛陀生動地用了這樣的例子，為弟子們講解了道品修習的重點：

> 如是，比丘不勤修習隨順成就，而欲令得漏盡解脫，無有是處。所以者何？不修習故。不修何等？謂不修念處、正勤、如意足、根、力、覺、道，若比丘修習隨順成就者，雖不欲令漏盡解脫，而彼比丘自然漏盡，心得解脫。所以者何？以修習故。何所修習？謂修念處、正勤、如意足、根、力、覺、道，如彼伏雞善養其子，隨時蔭餾，冷暖得所，正復不欲令子方便自啄卵出，然其諸子自能方便安隱出殼。所以者何？以彼伏雞隨時蔭餾，冷暖得所故。[7]

斷除煩惱的歷程，就像母雞孵蛋一樣，必須要紮實地

---

7 《雜阿含經・第 263 經》(CBETA, T02, no. 99, p. 67, b6-16)

花時間才行。如果修習者只是不斷在內心想著：「讓我盡除一切煩惱，讓我的心得到解脫吧！」卻沒採取正確的方式，或是努力的時間不夠，不論想要解脫煩惱的願望再強，都無法達到想要的成果。

心｜道｜法｜師｜語｜錄

現在這個世界資訊多、煩惱多、妄想多，卻迷失了自性，我們現在就是要找回自己、安住自己。我們學打坐，就如雞抱蛋一樣期待、等待，看能不能抱出什麼名堂？一直專注下去，看會發生什麼事情？

（二）斧柄指痕的譬喻

在第二個譬喻中，佛陀提到了工匠工具上的一個現象：如果一名熟練的工匠經常手持某把工具工作，工具的把柄上，將會因為長時磨耗，而出現清晰的指痕。

> 譬如巧師、巧師弟子，手執斧柯，捉之不已，漸漸微盡，手指處現，然波不覺斧柯微盡而盡處現。[8]

8　《雜阿含經·第 263 經》(CBETA, T02, no. 99, p. 67, b19-21)

把柄每日的磨耗，其實是難以察覺的。但一名稱職的工匠，只是專注於工作，並不會把注意力放在把柄的變化上。煩惱勢力的減消，也像如此：由於其生起與滅去，都依循著緣起的法則，因此只要將目光集中在應該修習的內容，用力日久，便能看見進步的痕跡。

（三）船索斷裂的譬喻

佛陀的第三個譬喻，提到了大船上，固定桅杆等部件的船索、索具：

> 譬如大舶，在於海邊，經夏六月，風飄日暴，藤綴漸斷。[9]

一艘能駛入海洋的大船，其採用的船索、索具必定是十分粗壯與堅固的。儘管如此，若將其浸潤在雨季的雨水中，爾後又讓太陽曝曬，如此日復一日地風吹日曬，再粗壯的船索也必定會逐漸地耗損、脫斷。

> 如是，比丘精勤修習隨順成就，一切結縛、使、煩惱、纏，漸得解脫。所以者何？善修習故，何所修習？謂修習念處、正勤、如意足、根、力、覺、道。[10]

正如譬喻中的船索捆綁著大船，煩惱也繫縛著輪迴

9　《雜阿含經・第 263 經》(CBETA, T02, no. 99, p. 67, b25-27)

10　《雜阿含經・第 263 經》(CBETA, T02, no. 99, p. 67, b27-c1)

中的眾生，使其以缺乏智慧的方式度日，並造作諸多不善。雖然目前煩惱牽引的力量，看似還是十分強大而難以克服，但是佛陀教導我們，並不需要對此感到氣餒或是生起瞋恚。該努力的，就是如實地發現煩惱，並且以耐心、精進的態度走在修習道品的路上。假以時日，看似粗重的煩惱也能夠逐漸轉弱，終至滅盡。

從以上三個對道品的譬喻中可以發現：修習道品的成果，是需要時間累積的。應避免急迫躁進，或輕易失去信心。再者，無論是煩惱或解脫，都不離緣起法的道理。如佛陀所教導的：「**有因有緣眾生煩惱；有因有緣眾生清淨。**」[11] 修習者若能保持工匠的那份專注，精進於道品的修習，當四念住、四正勤、四神足、五根、五力、七覺支、八正道等七組道品發展圓熟時，智慧便將水到渠成，自然能啄破無明的蛋殼，崩斷如船索般的結縛，脫離煩惱的束縛與牽引。

心｜道｜法｜師｜語｜錄

這個法，沒有修的時候，什麼都沒有，所以我會不斷去修。修的時候會遇到障礙，時間也是考驗，沒有花時間是不可能有成果。所以修行人就是這樣，你必須要有一定得成功的想法，時間也是能量聚集的累積，要一步一步去實踐。

11　《雜阿含經・第 711 經》(CBETA, T02, no. 99, p. 190, b25-c9)

三、道品的樞紐——念

在三十七道品當中，與念相關的修習項目，是特別值得重視的。作為應修習的項目，念直接地出現在五組道品中。即使是在未直接出現的組別中，念的培育也同樣是不可或缺的。

念，意謂清明地覺知。道品當中的第一組：四念住，就是專門培育正念的修行方法。修習者藉著念住，練習令心念持續地現前，對身心現象保持清楚、明白的覺照。這樣的練習，除了能避免讓心落入漂浮不定、放逸、散亂或是馬馬虎虎的狀態，也能不再受到世間各類好壞的現象牽引，或是攀緣其上，橫生煩惱。是以，佛陀囑咐弟子們，應以四種念住作為安身立命、依止之處。

（一）調伏散亂、放逸的心

培養念，可以守護內心，避免心的漂浮不定、散亂或放逸。過去，有一對舅舅與外甥，先後出了家，成為比丘。一次，年輕的比丘得到了兩件供養的袈裟，便想將其中一件供養給年長的比丘。但年長的比丘總表示袈裟已經夠用了，屢屢拒絕。年輕比丘心想：「舅舅一定是不喜歡我，我不如還俗吧！」

總想著還俗的年輕比丘，有一天在內心做起了白日夢來。他想著：「還俗之後，我就要把袈裟給賣了！得到

的錢，可以換一頭羊。用這頭羊，就可以生更多的小羊。這樣，就有更多的錢可以娶妻、生子了。成了家後，我會帶著妻子和嬰兒，一起駕車回去寺院探望舅舅……。」

「駕車去寺院的路上，我會貼心地和妻子說：『我來照顧小孩！』不過她會叫我好好駕車就好，不用管小孩。但我還是堅持要抱小孩。這怎麼辦呢？我只好把小孩搶過來了。就在我們搶奪的時刻，小孩居然掉到車子底下，還被車輪輾過了！」

「可惡，這真是太令人生氣了，都是妻子硬要和我搶小孩，我要拿棍子來教訓她一下才行！」

這時的年輕比丘，其實正持著扇子在為年長比丘搧風。一邊做著白日夢，手上的扇子居然就這樣往年長比丘的頭打了下去。

散亂的心，往往就像這樣自編自導許多劇情，心念亦隨之漂浮不定、胡思亂想。妄念不斷生起時，便容易被煩惱牽引，而造作不善的行為。佛陀藉此引領眾生來認識、訓練、調伏其心，好在一切生滅、變動的現象中，將心定錨於覺知當中。

> 遠行與獨行，無形隱深窟。
> 誰能調伏心，解脫魔羅縛。[12]

12　《法句經・第 37 偈》(CBETA, B07, no. 17, p. 42, a14 // PTS. Dhp. 6)

什麼是正念？「正」就是「一」跟「止」，一就是正，我們的心專注在一個地方就是正，如果到處飄浮就是不正了，正就是不偏不倚，禪修就是訓練正念的方法。

（二）不爲世間八法動搖

未經調伏的心，既難以安定，亦容易隨著境界生起煩惱。世間牽動人心的境界，經典中以「世間八法」——利、衰、毀、譽、稱、譏、苦、樂——來說明。

這八法，猶如八個方位吹來的風，使未修習的心隨之飄盪。得到利益的時候，就心生歡喜；面臨逆境時，又悲傷得不能自已；得到好名聲，受眾人愛戴時心便飄飄然；被嫌斥、貶低時，又心生痛苦，被消沉、低落的情緒吞噬。

若對現前的這些境界缺乏覺照，往往只會衍生更多的想法、好惡，令煩惱相續不絕，持續生起。面對順境時，就反覆咀嚼經驗中令人喜愛的美好性質，放任貪愛增長；

面對逆境，就以排斥、壓抑的方式對待，或藉著追求感官欲望的刺激，來分散注意力或逃避。這些方法，都只會為煩惱的火焰繼續添加薪柴，讓貪欲、瞋怒、焦慮、恐懼，決定了行為與生命的方向。不僅此生就消耗在浮動不安中，如野馬、狂象般未被調伏、亂竄的心，又製造了下一輩子中更多的問題。

若疲厭於這樣的處境，透過禪修，培育堅固的念，進而開發智慧，便是必須且值得的。

念的培育，給了我們一個在煩惱之流中暫停的機會，使心保持清楚、明白。不依著慣性對境界產生反應，更能夠藉此建立智慧，照透世間現象的真實性質。而一顆經過鍛鍊，具有智慧的心，無論是在順境、逆境中，都能夠平穩地住立。如同穩固的大樹樹幹，不隨大風而搖晃；如高聳堅固的石山，不論四方風雨多強大，仍能不動搖地矗立其中。

> 猶如石山，風不能動，
> 色、聲、香、味、身觸亦然。
> 愛、不愛法，不能動心。[13]

---

13 《中阿含經・第 123 經》(CBETA, T01, no. 26, p. 613, a6-14)

心｜道｜法｜師｜語｜錄

我們的心要常常有正念，正念就是我們的覺悟不會被一切的諸法所迷惑，被一切外在的東西帶走、迷失。

想一想

世間八法中，我最容易被哪一種動搖？
我通常如何應對？

（三）自洲自依，法洲法依

世間的人事物，莫不處在變化之流。學習佛法，讓我們明白一味地向外抓取，尋求依靠，只會帶來一次次的失望與愁苦。那麼，我們應該如何過生活呢？佛陀教導弟子，應以念住的修習作為依歸，在如此危脆的世間尋求依怙。

經典中記載，舍利弗尊者因病入了般涅槃後，阿難尊者受到了相當大的打擊。這時，佛陀教導阿難：

阿難！如我先說，所可愛念種種適意之事，皆是別離之法，是故，汝今莫大愁毒。阿難！當知：如來不久亦當過去，是故，阿難！當作自洲而自依，當作法洲而法依，當作不異洲、不異依。[14]

佛陀進一步說明，這裡提到的應當依止之處，便是四念住：

阿難啊！在此，比丘於身隨觀身而住，精勤、正知、具念，滅除對世間的貪愛與憂傷；於受……於心……於法隨觀法而住，精勤、正知、具念，滅除對世間的貪愛與憂傷。阿難啊！如此，比丘以自己為洲渚，以自己為歸依處，不以其他人為歸依處；以法為洲渚，以法為歸依處，不以其他物為歸依處。
阿難啊！無論是現在或我死後，我的比丘若以自己為洲渚，以自己為歸依處，不以其他人為歸依處；以法為洲渚，以法為歸依處，不以其他物為歸依處。阿難啊！這些比丘在好樂學習者之中將位處頂端。[15]

14　《雜阿含經・第 638 經》(CBETA, T02, no. 99, p. 177, a3-7)

15　溫宗堃譯，《相應部・第 47 相應・第 13 經》(PTS. S. 5. 163)。此經為前述《雜阿含經・638 經》的對應經典。白話中譯取自蔡奇林主編，《從修行到解脫：巴利佛典選集》，新北市：南山佛教文化，2012，p. 185。

同樣的教導，也出現在佛陀臨般涅槃之時。念住的修學，因此可以視為是佛陀重要的叮嚀，[16] 在當代也成為許多禪法教學的主軸。

一切的善法、道品，都無法離開培育正念所形成的那份清楚、明白，是以於眾道品當中，值得特別多花心思在念住的修習上，好在短暫且飄盪不安的生命中，不假外求，安立於自身與法的洲渚之上。

四、總結

道品既直接導向苦的解脫，也與教法是否能夠永續傳承相連結。經典中，記載了一則阿難尊者與佛陀的問答：在佛陀的時代，有一位極負盛名的外道祖師，名為尼乾陀若提子。這位祖師在世時，有許多弟子追隨，其教團非常興盛。沒想到其過世後，弟子們卻因為意見不合，分裂成了兩個互相對立的團體。彼此之間，經常以尖銳的話語攻擊、辱罵對方。曾經跟隨這位祖師的在家信眾們，目睹這樣的情況，無不感到十分地失望與沮喪。

---

16 參《相應部・第 47 相應・第 9 經》(PTS. S. 5. 152-154)；《長部・第 16 經・大般涅槃經》(PTS. D. 2. 100-101)。

這樣的情況，輾轉地傳到了阿難尊者的耳中。阿難尊者於是前往詢問佛陀，怎麼樣才能夠避免僧團在佛陀離世後，也像這樣落入對立與爭鬥呢？佛陀反問阿難說：「阿難，對此你是怎麼想的呢？那些由我親自證知並教導給你們的法，也就是──四念住、四正勤、四神足、五根、五力、七覺支、八正道──你覺得會有任何的兩位比丘，對這些教法抱持不同的主張嗎？」[17]

阿難尊者表示，雖然從未見過任何比丘對這些教導抱持不同見解，但他仍憂心在佛陀入滅之後，會出現有關僧眾的生活方式，以及應持守的戒律的爭論。佛陀進一步回答，這一類的爭論，都還算小事。若是對修習的道路、有助解脫的法產生爭論，對於大眾而言才是真正不利的事情。

從應答中，我們可以注意到：佛陀極為重視這用於實修的三十七道品。惟有當人們正確理解修道的方式，並且重視道品的實踐，煩惱才有機會被真正斷除。如此一來，對立、歧見、爭論，也就沒有了生長的空間。這樣地如理修學道品，體驗經教與法的利益，修學佛法的團體便有了保持和合的基礎，而能使佛法於世間繼續廣佈流傳。

17　參《中部・第 104 經》（PTS. M. 2. 245）

道品便是如此，能夠做為清淨梵行的基礎，並且為人天帶來諸多利益與安樂。如佛陀在涅槃前約三個月，仍不忘囑咐弟子，應為教法久住世間，努力修持道品：

> 諸比丘！哪些是由我證知之後為你們所說諸法，你們若好好地學得之後，應當實行、修習、多作，如此，梵行可能有長時久住；那可能是為了眾多人的利益、為了眾多人的安樂、為了憐憫世間、為了人天的利益、安樂？那就是四念處、四正勤、四神足、五根、五力、七覺支、聖八支道。[18]

　　是以，七組道品，可說是佛法中極為珍貴的教導。佛陀於經中，也曾以大海中的珍寶來譬喻道品：

> 正如大海中蘊藏諸寶——珍珠、水晶、綠玉、硨磲、寶石、珊瑚、銀、金、瑪瑙、貓眼石。同樣地，法與律中蘊藏著諸寶，如四念處、四正勤、四如意足、五根、五力、七菩提分、八正道等。[19]

18　《長部·第 16 經·大般涅槃經》(PTS. D. 2. 120)。中譯取自水野弘元編著，釋達和中譯，《巴利語佛典精選》，臺北：法鼓文化，2005 年，p.235。另可參《長阿含經·遊行經》(CBETA, T01, no. 1, p. 16, c8-19)。

19　髻智比丘著，釋見諦、牟志京中譯，《親近釋迦牟尼佛：從巴利藏經看佛陀的一生》，臺北：橡樹林文化，2006，p.216。經典可參考《增支部·八集》(PTS. A. 4. 207)。

深入探究一項項道品的內涵，可以發現：不論是生活的方式、修學應具備的態度，一路到深刻的止觀禪修指引，都包攝在其中。只要能如母雞孵蛋般地以恆心培育，便能直接地對治煩惱，逐漸為生命帶來蛻變。

除了對付煩惱，道品也與佛法是否能夠長久住世息息相關，是佛陀屢次囑咐弟子應精勤修學的重要教導。不僅如此，道品的修學對於發菩提心、立願實踐菩薩道的修習者，也同樣是重要的學習內容。若能親自體驗道品斷除煩惱的力量，也就更能與人分享教法，令更多眾生享用法的利益。

佛陀以親自證知的智慧，為眾生宣說了三十七道品，做為務實、可行的修行辦法。學習道品，便如同打開了一扇扇通往解脫的門戶，一路朝著離苦的方向，穩健前行。

心｜道｜法｜師｜語｜錄

觀念要堅固就是要禪修，禪修沒有，那麼堅固度就不夠，不可能那麼聽話。禪修跟觀念，它是會結合的。結合的時候你就「跑不掉了」。從禪修得到了堅固的一個正念，然後這個正念產生了安定，由這個安定再產生什麼呢？產生禪定。禪定產生覺照，覺照產生安定。所以兩個就會變成一個平常心，所以就在佛法裡面，不會跑掉了。

學｜習｜體｜驗

◆ 三十七道品分爲哪七組？

◆ 學習三十七道品，有什麼利益？

◆ 對於修習道品的三個譬喻，我有何體會？

學習筆記 Note

第二章　四念住—身念住

學習目標

· 學習修習念住應具備的修習要點。

· 認識身念住中的各項修習。

· 學習如何將身念住作為隨時安定身心的方法。

· 從身念住的修習，認識身體的無常、苦、無我及不淨，遠離對身體的執取。

一、念住的修習要點與成果

　　四念住的修習，是以身體、感受、心的種種狀態以及世間現象的法理為對象，讓清明的覺知現前與安住。如佛陀於《念住經》中所述，這樣的修學，共構了一條令眾生的生命清淨、超越愁悲、滅除苦憂，成就正理和作證涅槃的「一行道」。這條道路，具備著無岔路等等特性，是佛陀為眾生帶來的珍貴禮物：

> 世尊說：「比丘們啊！這是淨化眾生、超越哀愁與悲泣、滅除痛苦與憂傷、成就正理與作證涅槃的一行道，也就是，四念住。哪四個呢？」[20]

---

[20] 《中部·第 10 經·念住經》(PTS. M. 1. 56)，本書後續所引用的《中部·念住經》(PTS. M. 1. 55-63) 經文，引文皆取自：溫宗堃譯，《從修行到解脫：巴利佛典選集》（VI 正念禪修），pp. 159-175，不再重複標註。

在《念住經》中，佛陀對於四念住展開了詳細的教導。總括來看，無論是身念住、受念住、心念住或是法念住的修習，都是以隨觀的方式來展開。若修習者希望獲得修習念住的利益、成果，便應以具備精勤、正知、具念這三項條件的方式來隨觀，並且安住其中：

比丘們啊！在此，比丘於身隨觀身而住，精勤、正知、具念，滅除對世間的貪愛與憂傷；於受隨觀受而住，精勤、正知、具念，滅除對世間的貪愛與憂傷；於心隨觀心而住，精勤、正知、具念，滅除對世間的貪愛與憂傷；於法隨觀法而住，精勤、正知、具念，滅除對世間的貪愛與憂傷。

（一）安住於四類隨觀

隨觀，指的是對準目標，屢次屢次地進行深刻、直接的觀察——既非隨意瞥視，也不是透過推論、推理等間接的方式進行。這一點，特別可以從經文中的身、受、心、法各自都重複出現了兩次見得。舉例來說，經文中提到「於身隨觀身而住」，這裡重複提到兩次的「身」，是強調了在修習身念住時，應將色身如實地觀察為色身，而不是把色身觀照成永恆不變的實體，或是視為實有的「人」、「我」、「男生」、「女生」等等。再者，這樣的重複，也代表了在觀照身時，要避免將身體的現象，和感受、心的狀態等混為一談。

經文中提到「住」，則帶出了這樣的隨觀，應成為修習念住者居止之處，也就是安住其中，以念住作為每日生活的依歸。無論是行、住、坐、臥，在一切時、一切處中，都應時時提起清明的念，不離開禪法，來觀照身心。

（二）修習要點——精勤、正知、具念

若要令念住得到圓滿發展，有三項應具備的修習要點——修習念住者，其隨觀、觀照，必須是伴隨著精勤的、具備正知，以及是具念的。

1. 精勤

精勤的用字，原先與「熱」有密切的關聯。其意義是：熱衷於所修習的禪法，對禪法充滿熱忱，不間斷地付出努力來精進修習。具備這樣的熱忱，能夠避免落入執拗的修學態度，或是將禪修視為一門苦差事。當禪修有了精勤的支持時，就能夠避免斷斷續續、不連貫，或者是遇到一點障礙就放棄練習，進而能夠從中獲得利益。

修學者運用精勤，從早晨清醒直到入睡的前一刻，都能充滿熱忱，不斷付出努力。這就像是不斷地加溫、加熱，最終必能將渴愛與一切煩惱給燃燒殆盡。

2. 正知

正知，則與智慧相關聯，指能以智慧來瞭解、觀察目標。關於正知，可以進一步地以三種了知來理解：

首先，是「正確了知」。這指的是如實地了知。以色身為例：如實了知色身，就意味著在觀察色身的時候，只是如實地將其觀察為色身。既不會把身體看成有實質、具體的男生、女生存在，也不會將色身視為一個個個別的眾生。

第二是「分別了知」。指對於觀察的目標，是由哪些部分組成的，都能夠分別地了知。繼續以色身為例，是能夠瞭解到：原來這個身體當中有著種種的肢體、器官等部分，並且是由地、水、火、風這四大所組合而成的。

第三是「自證了知」。指這份正知，並不是透過別人的轉述而來，而是自己觀照、親身體證而得知的。真實的智慧，並非以臆想、複誦法義就能得到。必須透過修持，生起切身、確實的體會才能獲得。

3. 具念

具備了精勤、正知之後，第三項應具備的要點則是具念。觀照身、受、心、法時，必須具足清晰的念，來專注於目標。具念的觀照，不會落入模糊不清、軟弱無力，或是忘失觀察；也不會矯枉過正，變成過度地緊繃而難以持久。這樣適中、放鬆的觀照，就像是守護城市的守門人，能夠長時間地保持警覺，來看管、監督城門。[21] 也像是牧牛者坐在樹下，放鬆地看管其放牧的牛群，既能清楚地看管牛群，也不會因為太過緊繃而疲憊不堪。[22]

（三）滅除對世間的貪愛與憂傷

當修習者具足著精勤、正知、具念地來隨觀，修習念住，便能推進禪法的修學，來獲得禪法的利益：也就是「**滅除對世間的貪愛與憂傷**」。

當我們對於身體、感受等等未能如實觀察時，往往就會基於我見，將色身視為自我，進而引生出貪欲、瞋恚等蓋障。像是感覺「我的」身體體力充沛，很有力氣，或者是「我」在體驗感官欲望帶來的樂受。

21　《增支部・七集・第 67 經》(PTS. A. 4. 110-111)

22　《中部・第 19 經》(PTS. M. 1. 116-117)

這時，只會令貪欲蓋生起，想要保有這些快樂，或是貪求更多。而當認定是「我的」身體受傷、受到損害了，認為是「我」在體驗各種苦受的時候，就又令瞋恚蓋覆蓋了內心。

注釋書中指出，此處的經文所列出的貪愛、憂傷，是列舉五蓋中勢力最強、最具代表的蓋障——貪欲蓋與瞋恚蓋——來代表五種蓋障。

也就是說，若修行者踏實地以精勤、正知、具念的方式來修習念住，禪法便能得到進步，進而滅除因為身體、感受等而起的種種貪欲、瞋恚、昏眠、掉悔、疑蓋。

五種蓋障，覆蓋、阻礙著修習者的內心，使其不得平靜、散亂並難以生起善法。相對地，如理地修習念住，則能除滅五蓋，使心能專注得定，進而適以開發智慧，種種善法也就有了生起的空間。

心｜道｜法｜師｜語｜錄

覺醒的生活，就是覺醒生活中每一時一刻所發生的感受，都要去把它研究清楚，探討它的來龍去脈。很實際地，就是要探討我們心念的變化。所以，時時刻刻我們都有工作做，就是探討自己。

二、身念住

身念住，是以隨觀身體來做念住的修習。對於人道的眾生而言，這個身體在一期生死當中，始終都是一個隨手可得的觀察對象。善於運用身念住，能幫助修習者隨時收攝、安定心念，遠離欲樂的牽引，也能帶領修習者直接洞察身體的無常、苦、無我，遠離對身體的執著，藉此獲得解脫的智慧。

關於身念住，在經典中，有一則頭頂油缽的譬喻：[23]

倘若有一名國土中最為美麗的女子，帶來載歌載舞的表演，人們必定口耳相傳，紛紛前來觀看。就在現場聚集大量人潮時，有個人被命令必須在頭上頂著一個注滿油的油缽，以不灑出任何一滴油的方式，從人群中走過。要是不小心灑出一滴油，跟隨其後的刀手便會立刻手起刀落，砍下這個人的頭。

若這個頂著油缽的人，是求生畏死、趨樂避苦的，那他必然會收攝其心，專注於頭頂的油缽，才能避免把油灑出來。並且，他會具念地踏出每個步伐，而不會將注意力導向周圍的人聲喧鬧，以及舞台上的歌舞表演。

23　參《雜阿含經・第 623 經》(CBETA, T02, no. 99, p. 174, b15-c20) 及《相應部・第 47 相應・第 20 經》(PTS. S. 5. 169-171)

一般未經鍛鍊的心，在生活當中，往往都是習慣往外抓取，貪求美好的感官對象。但透過學習身念住，可以將注意力由外向內，收攝於身體，去習慣收攝放逸的心念。藉此，就能夠大幅減少被境界牽引生起煩惱的機會。

在《念住經》中。教導了六類身念住的修習方式：

六類隨觀	意涵
出入息	覺知出入息
身體姿態	覺知身體的姿態
正知行動	具備正知而行動
不淨觀	觀察身體充滿不淨的部分
四界	觀察身體由四界組成
觀腐屍	將身體與逐漸腐化的屍體做對照

這些修習方法中，許多都不需要準備額外的道具或前置準備。這使得日常生活中許多的身體活動，都可以轉化為練習身念住的機會，成為覺悟的契機。

（一）出入息

　　覺知出入息，是以呼吸作為隨觀的對象。從生至死，有情的生命，始終與呼吸密切關聯。因此，呼吸在許多修習中都備受重視。佛教中，同樣地將覺知出入息，作為一個垂手可得，隨時就能夠讓心安定下來的方法。這種修習，也稱為「安那般那念」禪法。

　　經中譬喻，這種修習就像是一陣突如其來的大雨，能夠洗刷、掃落了夏季空氣中的塵埃、霧霾。專注修習安那般那念，能夠很快地帶領修習者滅去種種惡、不善的念頭，滌清混濁的心，使其變得明淨。[24]

　　在《念住經》中，佛陀教導了安那般那念的修習方法：

> 比丘們啊！比丘如何於身隨觀身而住？比丘們啊！在此，比丘至林野、樹下或空屋處，結跏趺坐，端身正直，立念在前。他保持正念地入息，保持正念地出息。

1. 適當的修習場所

　　首先，選擇適當的場所，對於修習會有很大的幫助。佛陀建議修習者可前往「林野」，也就是森林這一類安

24　參《律藏・經分別》(CBETA, N01, no. 1, p. 95, a7-10 // PTS. Vin. 3. 70)

靜的地點；或是遠離村落、城鎮等憒鬧處的「樹下」。也可選擇「空屋處」這類人煙稀少的空寂、寧靜之處。

這些地點，都屬於遠離世俗塵囂、眾聲嘈雜的處所。為什麼要選擇這類地點來禪修呢？因為一般尚未習慣修習禪法者，往往還是處在貪著欲樂的慣性之中。這些寂靜的地方，能令修習者暫時遠離俗世生活，避開感官對象的誘惑，來慢慢調伏享樂的慣性。此外，由於這些環境遠離了噪音，因此也有助於遠離干擾，不易分心，容易專注。

2. 調整坐姿

接著，「**結跏趺坐，端身正直**」指的是應調正身體的坐姿，盤腿而坐，並端正上半身。

關於盤腿，對初學者而言，只須先採取適合，並能夠穩定久坐的方式盤腿而坐即可。上半身則保持端正，令脊柱直豎——既不後仰，也不往前傾倒。將坐姿如此調整良好，能夠避免因姿勢不良導致的腰酸背痛，能使修習更易於穩定持續。

3. 修習方式

選擇適當的環境，並且安頓了身體姿勢後，修習者便可正式地進入修習。首先要「立念在前」，也稱為繫念在前。這「前」的位置，是指哪裡呢？這指的是在出入息時，氣息與鼻唇間，碰觸、接觸的觸點。

這個觸點具體的位置，可能會因每個人的鼻型、臉部結構不同，而有所差異。有些人可能會落在鼻尖處，有些人則是落在鼻唇之間。總之，在實際練習時，只要依個人的情況，選擇能明顯感覺到氣息出入碰觸到的點即可。

將念安住於此，經中繼續教導：「**他保持正念地入息，保持正念地出息。**」試著保持正念，來覺知入息、出息。無論是吸氣，還是吐氣，全程都將注意力守在觸點，清楚地覺知，這便是「安那般那念」禪法的核心教導。

修習者透過具念地覺知出入息，令心念安住於呼吸上。即便一時偏離、失念，也能當下察覺到偏離，立刻運用精勤，拉回到對氣息的覺知上。直到能夠對出息、入息了了分明，清清楚楚，毫不含糊地觀照，這樣也就是具備了正知。如此，便是具備了修習念住的三個要點。

心｜道｜法｜師｜語｜錄

我們的心不要讓呼吸跑掉，我們一直看著它，就像牧羊的人一樣，我們「牧著」呼吸，我們看顧著自己的「呼吸」，如同牧羊人看顧小羊的心，小心翼翼地要一直看著，一直守著，不要讓牠跑掉，不要走失，不要離開我們的注意範圍。

如此來覺知出入息，修習者可以開展出以下四個階段的修習：

入息長時，他知道：「我入息長」；
出息長時，他知道：「我出息長」；

入息短時，他知道：「我入息短」；
出息短時，他知道：「我出息短」。

他如此地練習：「我將覺知一切身而入息」。
他如此地練習：「我將覺知一切身而出息」。

他如此地練習：「我將令身行平息而入息」。
他如此地練習：「我將令身行平息而出息」。

首先，隨著修習者的心逐漸穩定、平靜，慢慢便能覺知到長的氣息，以及覺知到短的氣息。在此的重點，是保持自然地出入息，與清楚覺知即可，不必試圖控制氣息的長短、深淺。

　　下一階段，修習者將能著手練習「覺知一切身」而入息、出息。這是去覺知入息、出息的整個過程。一開始，在修習者的覺知尚不穩定的時候，可能只能覺察到出入息的初段、中段，或是末段中的某些段落。隨著不斷練習，念慢慢穩固了，就能夠清楚、不費力地覺知到出息、入息完整的初、中、末段。

　　這裡應注意：雖說是去覺知呼吸的整個過程，但並不是去追隨氣息，探究呼吸是怎麼樣地進入身體，又是怎麼樣地離開身體。從頭到尾，都只須將覺知守在觸點即可。這就像是在用鋸子鋸斷木頭的時候，若要鋸得平整，只須專注於鋸子與木頭的接觸點，而不是讓注意力跟著來來回回的鋸刀不斷前後遊走。

　　第四個階段，是「令身行平息」。「身行」指出息與入息。通過了前述的數個階段，修習者逐漸嫻熟禪法，心也逐漸從粗糙、不受控制，成為更細膩與穩定的狀態。未修習前，心因為充滿著種種蓋障而辛苦著。就像是跑著步、背負重物而行的人，因為身體辛勞，而會大口地

喘著氣。如果，這時讓他前往陰涼處休息、飲水，氣息也就得以緩和下來。

同樣地，若是修習者能逐漸地脫離粗重的五蓋，使心平靜，那麼氣息也將隨之變得更為安定、微細。隨著修習進步，氣息漸趨微細，修習者的念，也必須變得更為敏銳，才能保持對氣息的覺知而不會丟失。這正是為什麼覺知出入息，可以令行者鍛鍊出強大的正念的道理。

4. 工匠操作車床的譬喻

在經典中，佛陀藉著工匠操作車床，磨削器物的場景，來譬喻這項覺知出入息的修習：

> 比丘們啊！猶如熟練的鏇師或他的徒弟，長轉時，知道「我長轉」；短轉時，知道「我短轉」。同樣地，比丘們啊！比丘入息長時，他知道：「我入息長」…（略）…他如此地練習：「我將令身行平息而出息」。

在古代，車床一類的機械裝置，仍倚賴人力進行操作、轉動。當一位專業的工匠或其徒弟，在操作車床，磨削器物時，就需要配合著物品的大小，去做出長短不一的拉動或轉動。

一位熟練、全神專注的工匠，在操作車床做出長的、短的轉動的時候，他對當下進行的是長的拉轉或是短的拉轉，都是全然地清楚明白的。同樣的道理，一位精熟於觀照呼吸的修行者，無論當下正在進行的是長的入息或短的入息；是長的出息還是短的出息，都能像是熟練的工匠一樣，清楚明白地去覺知、把握。

5. 修習的進一步指引

> 如此，他於內身隨觀身而住；或於外身隨觀身而住；或於內、外身隨觀身而住；或隨觀身的生起現象而住；或隨觀身的減去現象而住；或隨觀身的生起與減去的現象而住。

《念住經》中，在帶出各種禪法的修習教導之後，都會接著出現一段類似的經文段落。這段反覆出現的經文，目的是在為四念住的各種修習方法，作出進一步的引導與提示。

其中首先提到，修習者對「內身」、「外身」，以及「內外身」進行隨觀，並安住於這樣的觀察。這裡的「內」指自身，「外」則指他人。若以此處的覺知出入息的修習為例時，從隨觀內身到外身，再到內外身的意思就是：修習者能由觀照自己的呼吸，進展到觀照他人的呼吸，進而得以輪替地觀照兩者。不過，對初階的修習者而言，

不妨將此視為進階的修行指引,當前僅需先將重心聚焦於自身氣息即可。

接著,修習者能夠隨觀身體相關的現象之生起、滅去。對於呼吸而言,便是覺知每個剎那氣息的生起、覺知氣息的滅去,以及覺知氣息的生與滅。從這樣對生滅的觀照中,對無常便能夠有切實的體會。

> 或他有「〔僅〕身存在」這樣的念現起,乃為了〔更殊勝的〕智與念;他無依止而住,不執取世間的任何事物。比丘們啊!如此,比丘於身隨觀身而住。

致力於觀照、覺知出入息時,便能發現:僅僅只有所觀照的出入息,任何其他衍生的概念或是想法,都只是虛妄的,沒有真實的存在。也就是說,觀照呼吸時,既不會認定有正在呼吸的「我」,也無有所謂的「我的呼吸」,僅僅只有當下吸入或呼出的氣息。

這樣的練習,再三強調要不斷地回歸到切實的覺知。既不扭曲經驗,也不對經驗加油添醋,更不虛構事實,好發展更為深刻的智慧與正念。最終,修習者將能達到無所依止:既不帶有錯謬的邪見,也沒有渴愛生起。直到對於世間的一切——五取蘊——都能毫無執取。

（二）身體姿態

　　身念住中的第二項修習，與身體的姿態有關。這項
練習的內容是：修習者在行走的時候，應具足著正念而
行走；當下是站著、坐著、躺著的時候，也都以正念清
楚覺知；無論身體當下呈現什麼姿態，修習者都同樣以
正念覺知。

　　比丘們啊！再者，比丘
　　行走時，他了知：「我在走」；
　　站立時，他了知：「我在站」；
　　坐著時，他了知：「我在坐」；
　　躺臥時，他了知：「我在躺臥」；
　　無論身體如何擺置，他皆加以了知。

　　這簡潔的練習指引，使得修習者不僅僅是在禪堂中，
才得以培育正念。而可以在日常生活中，充分利用機會，
實踐佛法的修習。

　　在許多禪修教導中，常以行禪、經行的形式，來進行
這項練習。透過放慢行走的動作，有知有覺地去行走，
清楚觀照，不漏失每個走的細節。以同樣的道理，站立、
坐著、躺臥時，也都可以進行這樣的修習。

以行走為例，隨著修習的進展，修習者將會發現所謂的行走的動作，不過是由內心行走的動機，所推動的一連串生滅變化的色法而已。當中，遍尋不著任何在行走的「我」、「人」、或是「眾生」。

能夠帶出這樣的發現，使得這項修習方法，不只是可以作為平日攝心的方法，更能用以培育洞察無常、苦、無我的智慧。[25] 阿難尊者的證悟過程，就是最好的例子。

佛陀滅度後，弟子們以大迦葉尊者為首，要召集僧團中的阿羅漢聖者，進行第一次聖典的結集，保存佛陀珍貴的法教。只是，眼看聖典結集的日子將近，長年作為佛陀侍者的阿難尊者，直到結集的前一晚，卻仍殘餘微細的煩惱，尚未達到徹底的證悟。

於是，他決定徹夜精進修習身念住。就在結集的當天破曉之前，阿難尊者在準備躺下休息的時候，仍舊保持著對於身體的覺知。他在坐臥之間，以平衡的心，終於成就了阿羅漢果，並因此趕上了聖典的結集。

25　除了長養智慧，行禪、經行亦具有許多更為基礎的利益。《增支部·五集·第 29 經》(CBETA, N21, no. 7, p. 32, a13-p. 33, a2 // PTS. A. 3. 29-30) 便列出了經行的五項利益：能遠行、能精勤、帶來健康、飲食易消化、易維持定力。

心｜道｜法｜師｜語｜錄

行禪一步一步，就是覺知著自己正在走路。它可以讓自己離開妄想，專心地察覺自己的覺性。所以行禪的每一步，都須仔細注意。每一個動作的感覺，都要非常清楚，心才會寧靜、安定。覺知，是爲了讓我們明白自己並不是這個「身體」。只要我們踏踏實實地去做，就會發現這個身體並不是「我」，覺性才是「眞我」。

未能以正念觀察行、住、坐、臥等身體姿態的時候，我們往往對於身體是有著不正確的見解的。一旦將色身認定為我、是我所擁有的時候，對色身的貪著、渴愛也就伴隨而來。不斷地以身念住來訓練觀照，就能夠逐漸認識色身的真實樣貌，而能夠去除對色身的邪見與渴愛。

（三）正知行動

接著，是具備正知而行動的練習。這是將正知運用到生活中一切的身體行動之中：

比丘們啊！再者，比丘在前往、返回時，保持正知；往前看、往旁看時，保持正知；彎曲、伸直〔肢體〕時，保持正知；持取大衣及衣缽時，保持正知；吃、喝、嚼、嚐時，保持正知；大、小便時，保持正知；行、住、坐時，將睡時、醒時，談話、沉默時，皆保持正知。

無論是前進、後退、正視前方、觀看旁邊、彎曲或伸直肢體等等的行動，都是以正知來正確、全面、親自地了知。

心｜道｜法｜師｜語｜錄

這份習慣必須透過養成而來，是不會從天上掉下來。怎麼培養這個好習慣？回到生活，在一切動作中，練習具備正念、正知，這就是很好的方法。

該怎麼將正知運用於種種行動之中呢？此處，可以透過「四種正知」來練習。四種正知，分別是「有益正知」、「適宜正知」、「行處正知」、「無癡正知」：

1. 有益正知

具備有益正知，代表修行者是清楚地知道所要從事的行為，對於自、他是有利益的。也就是說，惟有明白這份行為是能帶來利益的，行者才會著手去做。舉例來說，行者由於明白前往寺院、聖地，能令心得到淨化，增進道業，帶來種種利益，才實際去實踐。

又例如：由於明白即將要說的話，能夠為自己或他人帶來益處，才選擇說話。總之，若知道一個行為不能帶來利益，便不會去做。

2. 適宜正知

適宜正知，強調了修習者在行動前，除了考量行為是否具有利益，也應考量行為的適宜與否。舉例來說，雖然向法師請法、詢問法義是很有利益的事情，可是也得考量請法的場合、地點是否合適。也應考慮請法的時間，是否太早、太晚而不適宜。

生活中，每一個微細動作，都應具備有益、適宜的正知。只在明白行為是有益且適宜的時候，才進一步地行動。這種審慎態度的培養，能夠時時守護身心，不會因為放逸、散亂而胡亂造作惡業。

3. 行處正知

行處，原先有牧場的意思，也可理解為活動的範圍。就像是家畜待在安全的牧場中，行處正知指的是：修習者無論是在工作、行走、進食的時候，都應保持正念，令心處於念住修習的範圍中。

經典中，將四念住形容為祖先、父母世世代代居住的居處。一旦離開了這樣的安全領域，前往充滿五欲之樂的地方時，便容易招致危險。就像是小小的鵪鶉，若是離開了世居的、充滿土石等掩蔽物的耕田時，就容易被眼尖的老鷹一攫而走。[26]

同樣的狀況，也像是遠離原本的住處，被陷阱吸引的猿猴，將因缺乏智慧，而為獵人輕易地捕獲。

> 或復有山，人獸共居，於獮猴行處，獵師以黐膠塗其草上，有黠獮猴遠避而去，愚癡獮猴不能遠避，以手小觸，即膠其手；復以二手欲解求脫，即膠二手；以足求解，復膠其足；以口嚙草，輒復膠口。五處同膠，聯捲臥地。獵師既至，即以杖貫，擔負而去。[27]

26　參《雜阿含經・第 617 經》(CBETA, T02, no. 99, p. 172, c24-p. 173, a28) 及《相應部・第 47 相應・第 6 經》(CBETA, N17, no. 6, p. 329, a9-p. 331, a1 // PTS. S. 5. 146-148)

27　《雜阿含經・第 620 經》(CBETA, T02, no. 99, p. 173, b23-29) 及《相應部・第 47 相應・第 7 經》(CBETA, N17, no. 6, p. 331, a5-p. 332, a12 // PTS. S. 5. 148-149)

向外攀緣色、聲、香、味、觸，沉迷於五種欲樂，而不知安定身心於念住上，就像故事裡的猴子一樣，只會被獵人的陷阱給越黏越緊。直到雙手、雙腳、嘴巴都黏在陷阱上，最終只能任獵人宰割了。因此，佛陀教導，應以四念住作為行處，無論去到哪裡、在做什麼事情時，都要經常地安住禪法當中，好守護身心。具有這樣的正知，便稱為行處正知。

4. 無癡正知

無癡，就是不再有愚癡與迷惑，具有智慧。無癡正知指：當行者在行走、顧視、屈伸肢體或是飲食時，都能對於動作清楚分明，保持如實的觀照。以這份正知，去明白一切行動，都只不過是一連串的身、心現象在生滅變化而已。

這個相續變化的流程，就像是河流源源不絕地流動一樣。流經眼前的河水，不會停留，只要一瞬間，就會被接續而來的水流給取代掉了。即使僅是在簡單的吃飯、前進的動作中，也都是不斷地由新的名法、色法生起，而取代了舊有的名法、色法。

這相續的變化之流中，既沒有一個「我」在吃飯，也沒有「我」在走路；既沒有「我」在拿取東西，也找不

到一個「我」在說話。能覺察到的，只有每個剎那身心現象的相續生滅，而這些都是無常、苦、無我的。

心｜道｜法｜師｜語｜錄

「禪」就是我們的心，心就是我們的本來面目；我們的本來面目，就是當下的生活；當下的生活是什麼呢？就是明明白白的生活、清清楚楚的生活、不迷惑的生活、不散亂的生活，也就是品嚐生活。用什麼品嚐呢？用你的知覺──做任何的事情，都非常地專注清楚，在這裡面靈靈覺覺地生活、清清楚楚地生活、不惑不亂地生活。

（四）不淨觀

在下一項身念住的修習中，行者仔細地檢視這個身體的組成部分，直接地認識到身體的不堅實與不淨，進而調伏對自身、對他人的色身的貪執。[28]

---

28 如佛陀在《增支部‧一集‧第 1-10 經》(CBETA, N19, no. 7, p. 1, a9-p. 3, a3 // PTS. A. 1. 1-2) 曾教導，對於異性的色、聲、香、味、觸，是最容易佔據內心的感官欲望。另參《增壹阿含經‧第 9 品‧第 7-8 經》(CBETA, T02, no. 125, p. 563, a13-b10) 是以，如何善巧對治這類煩惱，將會是重要的修學。

比丘們啊！再者，比丘觀察這個身體，淤腳底以上、頭髮以下，都被皮所覆蓋，充滿種種的不淨：「這身體裡，有髮、體毛、指甲、牙齒、皮膚、肉、筋、骨頭、骨髓、腎、心、肝、肋膜、脾、肺、小腸、腸間膜、胃中物、大便、膽汁、痰、膿、血、汗、脂肪、淚、膏油、唾液、鼻涕、關節滑液、小便。」

審視身體的這些組成部分，將能發現平常認為堅實、美好的身體，其實只是由眾多的不淨物積聚而成的。檢視這些不淨的部分，能幫助行者反省：平常以為美麗清淨的身體，其實是不淨的。像是當頭髮還長在頭上的時候，可能會被視為「秀髮」，但如果掉落下來，堆積在排水孔或是食物裡時，就成了令人反感的事物；長於指頭的「美甲」，修剪下來後，也只會被當成骯髒的垃圾丟棄。

此外，只要沒有定期地為色身洗漱，很快地，在眼睛、耳朵、鼻子、口腔等孔道，都會積累了流漏的污垢，甚至發出惡臭。如《大智度論》云：「**種種不淨物，充滿於身內；常流出不止，如漏囊盛物。**」[29] 身體不過就像是裝滿了液體，有著許多孔隙、裂縫的瓶子，恆常不斷地流漏著種種膏油而已。人們雖然用盡各種方式，去除這些

29　《大智度論・三十七品義》(CBETA, T25, no. 1509, p. 199, a19-20)

污垢，也透過美容、裝扮等方式，好令色身看來是清淨、美好的樣子，但是這些都只能夠暫時維護外表的清潔而已。試想：如果將人由裡到外，整個翻轉過來，讓包覆在皮囊內的部位得以如實展現在外，會有怎樣的結果呢？恐怕，只會引來種種啖食內臟、屍體的動物而已。追根究底，這具身體，不過是由骨頭、血肉構築的。裡頭包覆著的，不過是必然的老、病、死。那麼，對這堆不淨物，究竟有什麼好值得貪愛、憍慢的呢？[30]

　　經中繼續以譬喻說明，應如何地去檢視這些身體組成的成分：

> 恰如一個兩端有開口的袋子，充滿種種的穀物：秈米、粟米、綠豆、豌豆、芝麻、精米。明眼的人能解開此袋，觀察其內容：「這些是秈米；這些是粟米；這些是綠豆；這些是豌豆；這些是芝麻；這些是精米。」比丘們啊！同樣地，比丘觀察這個身體，從腳底以上、頭髮以下，都被皮所覆蓋，充滿種種的不淨：「這身體裡，有髮、體毛……小便。」

30　如《法句經‧第 150 偈》(PTS. Dhp. 22) 云：「骨架為城廓，血肉作塗飾，蘊藏老病死，憍慢與虛偽。」法增比丘譯，《南傳法句經新譯》，2014，頁 25。

就像是眼力良好的人，能夠清楚、分明地看著一個兩端束口的袋子，裡頭裝著的各類穀物、豆子，一位有智慧的人，將能夠如實、分別地觀看身體中的各種組成成分。如此，將不再把身體的各種積聚，視為清淨美好，或將其視為自我、是我所擁有的。

在這些部分當中，都無法找到「自我」，也找不到所謂的人或眾生。就如車子一般，所謂的車子，不過是由眾多零件組合而成。看似是「我」或「我所擁有」的色身，也同樣只是由眾多器官、組織和合而成。藉著這樣的觀察，修習者將能破除身體是「我」、是「我所擁有的」相關的見解。

佛陀如此教導身體的不淨，令眾生無法再去逃避、掩藏色身的真相。不過，要徹底地轉換認知，則需要時間反覆練習、屢次地省察，乃至實際操持不淨觀的相關練習。[31]如此，能夠不再將色身視為堅實、可喜的。進而對治因色身而起的貪、瞋、慢等煩惱，策發強烈的出離動力。

（五）四界

在觀察身體充滿不淨的修習之後，修習者更深入地去

---

31 關於不淨觀禪法的實際修習方法，可參考《清淨道論・說隨念業處品》(PTS. Vism. 241-248)。其中彙整了實際操作的次第與細節。包括了應先學習、熟悉的「七種學習善巧」，以及實際修行時可運用的「十種作意善巧」。

檢視身體的組成。檢視身體的各個部位、各種姿態與動作，無不是由更為基礎的四大和合造作、推動而成的：

> 比丘們啊！再者，無論這身體如何住立、如何被擺置，比丘觀察這身體由界所構成：「這身體裡，有地界、水界、火界、風界。」

地界，有著堅硬、柔軟等的特性，能夠作為基礎，支撐事物；水界有濕潤、流動、黏結的特性，能夠使事物聚合、連結；火界，以溫度的升降，也就是冷、熱為特性，能在老化、消化等現象中見得其作用；風界則以支持、推動為特性，在身體的氣息出入、膨脹、肢體的移動中能夠見得其作用。

身體的種種組成，像是髮、體毛、指甲、牙齒等，在行走、站立、坐下或躺臥，或展現各種姿態時，都只是四界以不同的方式交織而成的。未修習者，往往不會以這樣的角度觀看身體，而是抓取特徵，將四界的聚集視為男性、女性、眾生的活動，進而就產生了貪、瞋、嫉妒、慳吝等眾多煩惱。

若能夠如實地觀察四界，便能發現：原來色身當中，並不存在這些可供執取的對象。經中，以分解為肉塊的牛作為譬喻，說明了這樣的道理：

猶如熟練的屠牛者或他的徒弟，坐在十字路口殺了母牛、將牠塊塊分解，同樣地，無論這身體如何住立、如何被擺置，比丘觀察這身體由界所構成：「這身體裡，有地界、水界、火界、風界。」

精熟四界的隨觀後，修習者將不再將身體視為具體的眾生。就如同在市場上，販賣牛肉的屠夫，不會再將已被分解，放上攤子販賣的一塊塊肢體部位，視為一隻活生生的牛一樣。將身體觀看為四界，將能化解整體、堅固、密集的人、我概念，也能明白其變幻無常，生起無我的智慧，令修習者不再從這些概念衍生貪愛、瞋恚、恐懼等煩惱。

心｜道｜法｜師｜語｜錄

我們穿的這個衣服，是肉做的衣服。這個肉造的衣服是四大編製，四種材料和合的，地、水、火、風編起來，然後我們穿上去，就變成人了。

我們穿了這件衣服的時候，我們就是住進一個非常痛苦的房子裡面。因為這個房子會毀壞，會無

常，會生、老、病、死。這個房子、這件衣服，它會老舊、衰老、陳舊、壞滅。我們老是依靠它，老是以它為主，所以我們就痛苦。有了這個身體呢，帶給我們太大的煩惱了。

所以佛法告訴我們，這四個假合的東西，沒有一個是我們。我們只是為了我們的業報，所以穿著這件衣服。過去生我們做了這件衣服，所以今生就穿這件衣服，來運作我們的人生。

（六）觀腐屍

由種種不淨部分、四大積聚而成的身體，固然在因緣具足的時候，得以維持，但也將在因緣滅去時隨之壞滅。如《法句經》云：「**此衰老形骸，病藪而易壞：朽聚必毀滅，有生終歸死。**」[32] 每具曾看似淨美、恆常的身體，都不得不面對此命運。

身體不淨、無常的特性，往往不易察覺，甚至常為人們所掩蓋、忽視。這時，實際地去觀看死去的屍體逐漸腐壞、崩解的過程，其不淨與無常的特點，將會變得十分明顯。

32　《法句經‧第 148 偈》(CBETA, B07, no. 17, p. 55, a4 // PTS. Dhp. 22)

經文中，提到了屍體從初死數日，不斷地腐敗、磨滅，直到化為粉末塵土的過程。修習者不只要注意屍體各階段的變化，更需進一步思惟：自己的色身，其實隨時都在面對死亡的威脅，一旦死亡來到，這色身必會面臨同樣的過程，而無法超脫這樣的狀態。

> 他拿〔自己〕這身體〔與那屍體〕作比較：「我這個身體也具有這樣的性質，將變成這樣，無法避免這樣的狀態」。

腐屍隨觀，敘述了九個屍體逐漸腐壞的階段，也稱墓園九相、墓園九觀。[33] 修習者透過隨觀屍體的這些狀態，反省自身，好調整對身體的渴愛與執取。切實認知到身體包藏的過患，來發起強大的出離心。這九個階段分別為：

（1）初死數日時，屍體開始膨脹，顏色轉為青瘀，其中生起膿爛，或流出體液。

（2）被棄置的屍體，遭到烏鴉、禿鷹、種種野獸與蛆蟲等生物啃食。

（3）被棄置的屍體，成為一具仍帶著血肉，和連接骨骼的筋腱的骸骨。

33　關於此禪法的實際操作引導，可參《清淨道論‧說不淨業處品》(PTS. Vism. 178-196)。

（4）屍體的肉已消失，成為一具仍殘留血跡，仍由筋腱連結著的骸骨。

（5）骸骨的血跡與肉皆已消失，只剩下筋腱，連結著骨骼。

（6）連結骨骼的筋腱也消失，只剩手骨、腳骨、頭骨……各式各樣的骨頭分佈散亂各處。

（7）散亂的骨頭逐漸轉變成為螺貝那樣子的白色。

（8）骸骨棄置超過一年後，只成為一堆的骨頭。

（9）骨頭進一步朽壞，只剩一堆骨粉。

透過這樣的修習，能夠如實地認知身體。無論當下的色身多麼強壯美好，一旦面對死亡，任誰都必須捨下，無法帶往下一個輩子。

雖說這樣的修習方式，不一定適合所有的修習者，但確實是除滅對於自、他身體的貪愛、執取或憍慢的一帖良藥。行者不只直接面對死亡，更能由此喚起精進，為死亡做好準備，乃至真正超越死亡。

　　我們人，那個欲望是很難斷的。你一定要從這個死人堆裡去看，天天看、天天看。你看這些死人，都是會化成骨頭，就是觀察這個死。

　　怕死，就觀察死。看到死，你就會警覺、要精進修行。所以在冷卻你的欲望，冷卻你的思想，冷卻你那種生命的希望。冷卻到那個希望不見了，冷卻以後你才可以活出來。

三、總結

　　念住的修習，應具備精勤、正知，以及清明的念，以遠離種種蓋障，獲得禪修法益。身念住的修習，以隨觀色身，開展了通往解脫的種種修習法門。行者練習對出入息清楚覺知；在行、住、坐、臥間，對身體姿態具足正念；於生活中的一切舉手投足之間，練習與正知相應；亦深刻地去檢視，身體是如何由種種不淨物和合的；觀看地界、水界、火界、風界如何交織運作出有個身體的

幻象；乃至藉著觀察屍體的腐壞階段，明白自身亦終將面臨死亡，明白色身確實無常、不淨，無可貪戀執取。

身念住的修習，讓我們明白：若能善加利用色身，積極地把握身體的真相，捨棄對色身的貪著，即便色身確實不淨、無常，卻也能夠引導至真實的寧靜與解脫。

正如《經集‧勝經》所述：

或走，或站，或坐，或躺，蜷曲和伸展，這是身體的動作。

身體由骨和腱連接而成，黏上膜和肉，裹上皮，這樣，身體的真相就看不見了。

身體裡裝滿腸、胃、肝、膀胱、心、肺、腎和脾。

還有鼻涕、唾液、汗液、漿液、血液、潤滑液、膽汁和脂肪。

從它的九竅中，經常有污穢流出：眼屎從眼中流出，耳屎從耳中流出。

鼻涕從鼻中流出，從口中有時吐出膽汁，有時吐出痰。汗液從身體排出。

它的頭顱充滿窟窿，裏邊裝著腦子，傻瓜出於無知，才認為它是好東西。

身體一旦倒斃，浮腫發青，被扔在墳場，親人們不再照看。

狗、豺、狐狸、蛆蟲、烏鴉、兀鷹和其他生物都來吃它。

世上具有智慧的比丘聽了佛陀的話，理解了身體，因為他看到了真相。

那個就像這個，這個就像那個；從裏到外，拋棄對身體的渴望吧！

世上具有智慧的比丘摒棄慾望和貪求，獲得永恒的寧靜，達到堅定不移的涅槃境界。

具有雙足的身體需要照看，它污穢不潔，氣味難聞，充滿各種腐臭，到處流淌液汁。

具有這樣的身體，還要自以為了不起，蔑視他人，這種人只能是瞎子。[34]

---

34 《經集‧第 193-206 偈》(PTS. Sn. 34-35)。中譯取自：郭良鋆譯，《經集》，台南：台灣南傳上座部佛教學院，2011，頁 42-44。

◆ 每日練習身念住的「覺知出入息」。我是否能保持專注在出入息上一段時間？

◆ 為自己安排一條行禪的固定路線，每日以此練習身念住中的「覺知身體的姿態」。

◆ 在用餐或用點心時，每日至少一次，配合四種正知，練習「具備正知而行動」。

第三章　四念住——
受念住與心念住

學習目標

· 學習隨觀各種苦、樂、不苦不樂的感受，
　修習受念住。

· 學習隨觀各種心念的狀態，如實觀察心，
　修習心念住。

一、受念住

　　接續身念住，四念住的第二項修習，轉以各種感受作為隨觀的對象。

　　感受，在佛法的教導中扮演著極為重要的角色。每當感官與境界接觸時，種種感受也就伴隨而生了。這既構成了五蘊中的受蘊，也是十二因緣的流轉或還滅中，連結「觸」與「愛」的重要階段。

　　對感受未能深入觀察時，就很容易將感受當成實有的、是由自我在經歷的，這就使得各種煩惱，獲得了立足之處。若能修習受念住，提起正念來觀察感受，則能明白：

一切的感受都是在剎那、剎那之間，不斷生滅變化的。無論是怎樣的感受，都僅僅只是感受，既不是自我的一部分，也不是我所擁有的。這樣的練習，將能夠大幅地轉化過往對感受錯誤的認知，以及慣性的回應方式。

（一）樂受、苦受、不苦不樂受

受，基本可以分為令身心舒適、悅意的樂受，或使身心苦澀、不適的苦受，和未有顯著苦樂特點的不苦不樂受。這些感受，又可以依其來源分為身受與心受。

日常生活中，種種的感受經常輪替出現。就和其他世間的現象一樣，總是隨著因緣而生滅變化。前一刻可能才生起樂受，下一刻樂受就滅去，轉變成生起苦受了。

沒能如實觀看感受，往往就會在失去樂受時，感到強大的失落。苦受現前，便生起瞋恨、憤怒。這些都是煩惱的範疇，能夠繼續推動不善的念頭與行為。受念住的修習，便是要去揭露各種感受的真實樣貌。不論當前經驗到的是從身體或心理來的苦受、樂受或不苦不樂受，修習者都只須如實地去觀照感受：

比丘們啊！比丘如何於受隨觀受而住？
比丘們啊！在此，比丘體驗樂受時，
他了知：「我體驗樂受」；

體驗苦受時，

他了知：「我體驗苦受」；

體驗不苦不樂受時，

他了知：「我體驗不苦不樂受」。

對於感受，初步僅僅只需辨認、覺知當下體驗到的感受，而不需要急著去認同或是做出反應。如在其他的經典中，佛陀將各類感受譬喻為從四方吹來的不同種類的風，[35] 或是在旅館中從四面八方前來暫住的各類客人。[36]

無論所體驗到的感受是什麼樣的種類、是從何處產生的，修習者都只是保持正念、正知地觀看，而不會緊抓不放，與感受糾纏不休。

心｜道｜法｜師｜語｜錄

明白佛法的人，不會去改變一切的緣。因為好緣、壞緣都像過路客。修道人對好壞緣都不取也不捨，所以能夠平等。

35　《雜阿含經・第 471 經》(CBETA, T02, no. 99, p. 120, b15-c7)

36　《雜阿含經・第 472 經》(CBETA, T02, no. 99, p. 120, c8-p. 121, a1)

不僅是在世俗生活中追求五欲時會生起感受，踏上修學禪法的道路，也會有各類感受伴隨而生。為了更深入、全面地洞察感受，修習者應當在世俗的或非世俗的感受生起時，都能夠如實觀照、了知：

體驗有欲的樂受時，

他了知：「我體驗有欲的樂受」；

體驗無欲的樂受時，

他了知：「我體驗無欲的樂受」；

體驗有欲的苦受時，

他了知：「我體驗有欲的苦受」；

體驗無欲的苦受時，

他了知：「我體驗無欲的苦受」；

體驗有欲的不苦不樂受時，

他了知：「我體驗有欲的不苦不樂受」；

體驗無欲的不苦不樂受時，

他了知：「我體驗無欲的不苦不樂受」。

（二）世俗的受

世俗的感受，指那些與在家生活相關，也就是與追求、享用感官欲樂相關聯的感受。這也稱為有染、雜染，或有欲的感受。這類感受，可以進一步依前述苦、樂、不苦不樂的特質，分為世俗的樂受、世俗的苦受，以及世俗的不苦不樂受這三類。

對於這些世俗的感受，世人往往只知道用「趨樂避苦」的方式來面對或反應。

譬如過去曾提過的「身中毒箭」的譬喻中提到：未修習者，遭遇苦受時，往往只會心生排斥地「**愁憂稱怨，啼哭號呼，心生狂亂。**」[37] 這種對苦受的反應，就像是身體已經中了一支箭，更讓心也中了第二隻箭，只是無端承受更多的痛苦。

這種應對方式，不僅對擺脫苦受沒有任何幫助，更成了使「隨眠煩惱」累積的原因。當苦受出現，未能如實觀看感受，一心只想讓苦受消失時，這種拒斥的態度，將使得「瞋」的隨眠煩惱，像種子一般被植入內心深處。

這樣，當未來再次遇到苦受的時候，這些隨眠煩惱便可能會被激發，帶來縈繞內心的纏伏煩惱，乃至成熟為外顯的違犯煩惱，造作身、口惡業。

不僅如此，遭遇苦受時，為了盡快擺脫這種不舒服的感受，眾生往往也會透過追求感官欲樂，作為逃避的手段。這種方式，雖然似乎能暫時地轉移注意力，卻無法從根源解決問題，而帶有潛在的過患。

37　《雜阿含經・第 470 經》(CBETA, T02, no. 99, p. 120, a10-11)

如佛陀所言，感受好比水上泡，轉瞬生滅，無法恆常存在。世俗的樂受，自然不外於此。以追求欲樂來逃離苦受，註定只能得到短暫的滿足。不僅如此，這時的「貪隨眠」煩惱，也會在內心不斷積累。因此，每次樂受的消散，將導致想要追求更加強烈的樂受，直至欲深谿壑，再難填滿。到了這個程度時，追求欲樂往往已經變成有害、無可自主的強迫行為了。像是：無法控制地暴飲暴食、購物成癮，或是酗酒之類的物質上癮等。

對此，佛陀精闢地教導：「這是因為，未接受過教導者，並不知道除了透過追求欲樂，還有什麼別的方法來擺脫痛苦。」[38] 由於對樂受、苦受的集起、滅去等性質不知、不明，眾生在生死當中，一而再、再而三地陷在煩惱的泥淖裡。即使想要遠離痛苦，得到快樂，卻總在錯誤處尋求，而導致更深的苦痛。

對苦受、樂受都缺乏觀照的結果是：人們在生活中面臨不苦不樂受時，更加不會去注意這類缺乏特點的感受。這導致在不苦不樂受出現時，內心往往是渾渾噩噩，感到百無聊賴、索然無味。一心只想再去尋求各種感官刺激，來消弭空虛。這樣，無明、愚癡的隨眠煩惱，自然只會不斷累積。

38　《相應部經典・第 36 相應・第 6 經》(PTS. S. 4. 208-209)

為了擺脫這樣的狀況，別無他途，唯有透過修習，如實觀察感受，學習正確應對苦受、樂受、不苦不樂受的方式，才能從這樣的迴圈中離開，並不再累積隨眠煩惱。而一旦走上修習的道路，修習者將有機會進一步地體驗到與修行相關的非世俗的感受。

（三）非世俗的受

非世俗的感受，指走上修習道路時產生的相關感受。這也稱為無染、無欲的感受。同樣可以依其苦樂的特點，分為三類：非世俗的樂受、非世俗的苦受，以及非世俗的不苦不樂受。

當修習者投入心力修習禪修，使心變得專注且平靜時，將會出現種種喜悅的感受，也就是生起了非世俗的樂受。這種感受，比起一般由感官欲望來的樂受，來得更加微妙、精細而值得追求。不過，當在實際修習中出現這樣的感受時，同樣只須繼續保持正念，清楚地觀照即可，不必停留。

非世俗的苦受，則是由修習者在修習過程中遇到困難、阻礙，或是對證悟產生急迫感而引發的。善加觀照並超越這些苦受，將能繼續推進道業，直到現起與智慧相應、平等的觀看。

此時，行者超越了對事物的貪愛與瞋恚的反應，也遠離了內心的愚昧昏暗，而能夠以穩定且平衡的心，持續地對現象保持正念來觀照。與這種平等觀看的智慧，一同生起的便是非世俗的不苦不樂受。這與世俗的不苦不樂受，有很大的不同。

固守正念，觀照當下經歷的感受生滅，不嘗試永恆保有樂受，也不拒斥苦受，在不苦不樂受現起時，同樣地保持清明的覺知。如此對一切的感受如實了知，便是受念住的修習。

心｜道｜法｜師｜語｜錄

世間相的快樂都是短暫的，隨之而來就是痛苦。苦與樂不斷交替，我們渴望快樂，但是永遠得不到真正的快樂。所以我們要覺醒，佛的本能就是覺醒。每個人都有這種本能，從如幻如化的夢幻泡影中，覺醒世間的苦、空、無常，從苦裡面出離，從幻裡面解脫。

二、心念住

心念住的修習，是以隨觀心念、心識來下手。也就是在認知、認識目標時，緊密地去觀照心的生起、滅去的變化歷程。心的一連串生滅，發生地極為快速，並且經常在尋求、更換不同的認知對象。

因此，經典中，將心譬喻為攀枝而行的猿猴，不分晝夜地順著各種境界在攀緣、變化：

> 彼心、意、識日夜時刻，須臾轉變，異生、異滅。
> 猶如獼猴遊林樹間，須臾處處，攀捉枝條，放
> 一取一。彼心、意、識亦復如是，異生、異滅。[39]

正因心的生滅變化過於迅速，不易察覺，眾生往往會把心認定為連續不絕的自我，建立起堅固的我見。認為看似連續的心念，其中必定有個我在看、我在思惟、我在煩惱，而無法根絕輪迴的因。

心念住的修習，則像馴化野獸一般，能夠逐漸地調伏散亂的心，認識到心的真實樣貌，破除錯誤的見解。

39　《雜阿含經・第 289 經》(CBETA, T02, no. 99, p. 81, c14-17)

（一）如實觀察「心」

心念住的修習指引，相當簡潔、精要。修習者需要努力的，是持續對各種心念，都保持清楚分明的覺察。無論當下的心呈現怎樣的樣態，是善是不善，是粗糙或精細，都只要如實觀照即可。這代表，既不對任何的心念作出自我認同，也不會嘗試去批判、掩飾、壓抑，更不會去對覺察到的心，編造延伸的思緒。

舉例來說，當有帶著煩惱的心念出現時，修習者並不需要去想：「真是的，我怎麼可以有這些念頭？」、「今天的心念這麼散亂，我是不是退步了？」這些延伸的想法，都已經脫離了當下的覺知與觀察。

反之，在禪修的過程中出現了精細、微妙、帶有愉悅的境界、心念時，同樣不需作出評價與反應。始終都只是具足正念地觀看「有如此的心念」。當下的心如何呈現，就如其所是地觀看。

最終，修習者將能夠明白到：心念只是心念，生起之後滅去、生起之後滅去。這只是隨著因緣而生滅的相續之流，並沒有不變的自我存在其中。隨著不再把心念認同為自我，過往許多因為我見而生的煩惱、執取，也就能夠被鬆開了。

心|道|法|師|語|錄

心像一個鏡子，任何東西，在鏡子上出現的時候，都是一個「顯」。「顯」的時候，從來沒有一個想法在那裡。只是鏡子照到了東西，所反映出來的，而不是那個東西就是你的心。也就是說：過去心沒有了；未來的心，你也不去有了。現在這個心在哪裡？也是過去了。所以，沒有一個心是叫做「我」，沒有一個心叫做「他」。心的特色，就是非常地明，你知道的一切，都不是你。

（二）隨觀心念的狀態

《念住經》中，以兩兩成組，共十六種心念的狀態，引導修習者觀察心念：

比丘們啊！比丘如何於心隨觀心而住？

比丘們啊！在此，

比丘心有貪時，了知「心有貪」；

心離貪時，了知：「心離貪」；

心有瞋時，了知「心有瞋」；

心離瞋時，了知「心離瞋」；

心有癡時，了知「心有癡」；

心離癡時，了知「心離癡」；

心萎縮時，了知「心萎縮」；

心散亂時，了知「心散亂」；

心廣大時，了知「心廣大」；

心不廣大時，了知「心不廣大」；

心有上時，了知「心有上」；

心無上時，了知「心無上」；

心安定時，了知「心安定」；

心不定時，了知「心不定」；

心解脫時，了知「心解脫」；

心未解脫時，了知「心未解脫」。

　　當心念是伴隨著感官欲望，有著想要更多的貪染，或有著不悅、憤怒、拒斥的瞋恚，還是處於渾渾噩噩，無法清楚觀照的愚癡狀態時，如果沒有當下便提起覺察，往往就會推動後續身、口的惡業。因此，當心呈現為這些狀態時，應迅速提起正念來覺察。很多時候，光是辨認出煩惱的面貌，就能夠阻止煩惱繼續蔓生。

　　相對的，對於不具有貪、瞋、癡的心，修習者同樣只是提起正念，繼續保持覺察，清楚明白地去認識心在不受到煩惱污染的時候，是什麼的狀態。

萎縮，指的是心蜷縮、收縮的狀態。這時的心，對於禪修沒有興趣，而陷入昏沉、睡意濃厚的狀態。與此相對的，則是散亂的心，也就是陷入掉舉的心。散亂的心，是到處浮動，無法安穩地攝於一處的。這兩種心，都是在禪修時很容易遇到的狀態。在修習的時候，同樣僅需繼續觀察其生起、滅去即可。既不嘗試壓抑，但也不放任、被這些心給牽引而真的睡著，或是被妄想之流捲走。

心│道│法│師│語│錄

———— ◆ ————

初學靜坐者把很多精神耗在壓制狂心妄想，以及對治散亂昏沉上，怎麼辦呢？把這些對付的念頭都放開吧！看它生起，任它滅去，最好的方式就是不管它！也就是不去對付那些念頭，因為你愈對付，念頭就愈多也愈糾纏。

修習者也如實地觀察，心念是否具備種種與禪定相關的狀態。這包括「廣大」的心，也就是入於禪定，相對更為寬廣、殊勝的心，以及與此相對的「不廣大」的心；如實觀察尚有可超越的、有比其更深刻、更微細的禪定

的「有上」的心，或是其禪定的深度，已無可超越的「無上」的心；如實觀察進入禪定，足夠專注、穩定的「安定」的心，以及未達禪定的無定、「不定」之心；如實覺察當心因為禪定或觀照的力量，而無有煩惱的「解脫」的心，也如實覺察仍有煩惱，「未解脫」的心。無論心呈現怎麼樣的樣貌，修習者都如實地觀察其生滅，就其當下呈現而觀照，這是心念住的修習。

三、總結

受念住與心念住的修習，帶領修行者直接面對與生命息息相關的感受與心念。

感受，對於此生或是來生的生命，都具有強大的牽引力量。當能夠以正知、正念的方式，如實地觀看，明白感受僅僅只是感受，是隨著因緣而生滅，是如風、如客地來來去去，絲毫不值得執取，便能夠找到一個空間，擺脫過往以貪欲、瞋怒回應的積習，並且不再認定感受是自我，或是屬於我的。隨著練習的進展，更為微細的與禪修或修行道路上相關的殊勝感受乃至智慧，也都將有機會生起。

同樣地，在面對心時，也僅僅是將其觀看為心。無論當下生起的是有煩惱的心，還是沒有煩惱的心；是具有禪定的心，還是不具禪定的心，禪修者都只是提起正念，保持如實、清楚地觀看。明白各式各樣的心，都在生滅之流當中。如此去對一切的心念都保持覺知，不停留、不執著，也不嘗試壓抑。

將這份覺察，應用到生活當中，就能在面對任何情境的時候，終究都能不順不逆，平靜地觀看一切的感受、心念流過。

心｜道｜法｜師｜語｜錄

所以我們的修行，就在生活。生活，很重要就是觀察你的心、了解你的心。「咦？我的心怎麼起貪、起瞋、起癡？」癡就是迷惑，迷惑、矛盾的時候，癡就是對一件事情沒有辦法罷休的時候，很掙扎地讓自己的脾氣繼續撐下去，這就是叫做癡，就是愚昧不歇。

我們的生活，經常就是我想——我在想我自己所想。所以我在受我自己所想，我在苦我自己所想，

我在樂我自己所想。像這樣子，心的暢流度、流動性就是不那麼順暢。我們的心在哪裡停留的時候，就在哪裡產生執著，然後在哪裡就不自在了。我們常常都為我們的身體所苦、想法所苦，為別人給我們這些不如意的聲音所苦。聽到這聲音不如意啊！內心起了想要反抗那個不如意的聲音，然後起了無明、煩惱。所以我們要常常知道怎麼「過日子」。

就是「過」，就可以過日子，「不過」，就不好過日子。修行，也是要讓它一直過，什麼東西都讓它過，不要讓它「不過」。「不過」就是會怎麼樣呢？「不過」，就不好過了。過！

學｜習｜體｜驗

◆ 在世俗、非世俗的樂受、苦受、不苦不樂受中，我最不容易保持念住的是？

◆ 在心念住列舉的種種心念狀態中，我最常生起哪一種？每當其生起時，我是否能清楚地覺知其生起？滅去時，是否能清楚覺知其滅去？

第四章　四念住─法念住

學習目標

· 能夠清楚辨認五蓋，並覺察其生起與滅去。
· 學習法念住中隨觀五取蘊、六入處、七覺支、四聖諦
  等修習。

一、法念住

法念住的教導，是依著佛陀的教法，來觀照世間的一切現象。所要觀照的，既包括物質的現象，也包括心理的現象。

法念住的修習，一共分為五組：障礙智慧與定發展的「五蓋」；構成眾生身心的「五取蘊」；形塑感官經驗的「六入處」；構成覺悟的要素的「七覺支」；以及佛法教法的核心，教導一切世間現象實相的「四聖諦」法理。

（一）五蓋

法念住中的第一項修習，是隨觀五蓋。

蓋，正如字面上的意義，能夠阻礙、遮覆修習者的內心，使其難以生起善法，更妨礙了定力與智慧的培育。五種蓋障阻礙了心的運作，使其無法發揮潛能，因此在經典中被佛陀譬喻為黃金中的種種雜質，使得黃金無法被打造為美麗的飾品或用具。[40]

　　而論及妨礙智慧的進展，經典中則以一條在河畔被挖出了許多溝渠的河流為喻。這樣的河流，因為水勢被分散，沖刷的力道變弱，原先水中所挾帶的樹枝、泥沙等雜物，紛紛沉積下來，阻塞了河道，所以無法抵達大海。這就像是由蓋障阻礙了智慧的成熟一樣。[41]

　　五種蓋障，分別是貪欲蓋、瞋恚蓋、昏沉睡眠蓋、掉悔蓋、疑蓋：

　　◆ 貪欲蓋：對於喜愛的境界、感官欲樂的渴求，這就像是肉黏在鍋子上，牢牢地攀附在喜愛的境界上，不僅希望保有既有的，還想要獲取更多而不可自拔。

　　◆ 瞋恚蓋：包括了各種對境界的拒斥，可能表現為不滿、憤怒，也可以透過恐懼與焦慮等方式呈現。

---

40 《增支部・五集・第 23 經》(CBETA, N21, no. 7, p. 20, a2-p. 21, a1 // PTS. A. 3. 16)

41 《增支部・五集・第 51 經》(CBETA, N21, no. 7, p. 76, a6-p. 78, a1 // PTS. A. 3. 63-64)

◆ 昏眠蓋：指昏沉與有睡意，經常出現於感到無聊，或是對禪修應專注的對象不感興趣的時刻。當陷入昏沉、睡意強烈的時候，心便變得遲鈍、笨重、呆滯且黯淡無力，令人感到懶散，無法提起心力繼續禪修或是作任何事情。

◆ 掉悔蓋：指掉舉與憂悔。有掉舉時，心是散亂、躁動且浮動不安的。這時紛雜的念頭飛快地出現，而無法平靜下來。憂悔則指對過去曾作過的不良行為，或是應作而未作的行為感到懊悔。兩者同樣都會擾亂心，令心不得寧靜與安定，因此可以被歸併為一種蓋障。

◆ 疑蓋：疑，是懷疑、猶豫不決、動搖與不確定的狀態。對佛、法、僧三寶有所困惑、懷疑，感到模稜兩可，無法果斷地做決定，也就無法產生動力堅定行善、無法繼續應作的練習。

五種蓋障，以不同的方式阻礙著心，使心無法清明、順暢地運作。舉例來說，當內心被五蓋遮蔽的時候，過去曾經背誦過的經文，可能就會忘記或背不出來了。經典中，用了一個以水缽為鏡的譬喻來說明這樣的道理：[42] 有著貪欲的心，充滿著貪染，就好比在盛滿水的水缽當中，

---

42 《相應部・第46相應・第55經》(CBETA, N17, no. 6, p. 287, a5-p. 292, a12 // PTS. S. 5. 121-126)

混入了各種染料；有瞋恚時攪動的心，則如水缽中盛滿著沸騰冒泡的水；有昏沉睡眠時的遲鈍，則有如蔓生著水草、藻類的水缽；掉悔帶來的不穩定，正如缽中的水被風給翻攪而波盪不已；疑的不確定，則像是水缽充滿著混濁、泥濘，又被置於暗處而渾黑一片。如果有人想要用這水缽中的水，當作鏡子來檢視自己的臉，是不可能如實地看清自己的面孔的。反之，如果能夠擺脫五蓋，心便如同平靜明亮、澄澈無波的水面，而能作為鏡子清楚地見得自己的面目。

發現蓋障生起時，無須氣餒。因為這些蓋障，是每位學習者在修習時都必定會遭遇到的。隨觀五蓋的練習，最首要的是當蓋障出現時，能夠及時地辨認、覺知到蓋障生起；而在五蓋沒有出現的時候，也一樣是如實地知道。以貪欲為例，經中教導：

> 在此，比丘內有欲貪時，了知：「我內有欲貪」；
> 內無欲貪時，了知：「我內無欲貪」。

光是能在蓋障現起時，具足了知與觀照，往往就能夠令五蓋的勢力減弱甚至消失。更加深入、細微地觀照時，修習者將能了知到令蓋障生起、斷除的因，以及為何蓋障可以被徹底地斷除，不再生起：

他了知未生的欲貪如何生起；了知已生的欲貪如
何斷除；了知已斷的欲貪如何於未來不再生起。

心在沒有五蓋遮覆之時，是極為自由、清淨的。在經典中，佛陀也以一組譬喻，來引領我們去更熟悉內心沒有五蓋的狀態。[43]

沒有貪欲時，就像是還清了積欠已久的欠債，不必再看債主的臉色行事，甚至能有餘裕奉養家人；擺脫瞋恚時，則有如從久病中痊癒，重新拾回對食物的胃口，恢復了健康與體力；擺脫昏沉睡眠時，就像是囚犯平安地從監獄中被釋放，重獲自由；無有掉悔時，就像是從奴隸的身分中解放，不必再服侍他人，得以自由自在地生活；去除疑時，則如同帶著珍貴財物的富人，終於度過了漫長、危險，充滿盜賊又缺少食物的荒野道路，不再需要為了旅途上一點點的風吹草動而擔心受怕。

蓋障生起的原因，往往是未能「如理作意」，也就是沒有把注意力、思惟導向正軌所導致的。比方說：忽視了事物無常的特點，而將無常的視作為常；忽略了一切事物苦的面向，而將苦視為樂。同樣地，將無我視為我，將不淨視為清淨的，也會是蓋障生起的原因。

---

43 《長部・第 2 經・沙門果經》(CBETA, N06, no. 4, p. 81, a2-p. 82, a8 // PTS. D. 1. 71-73)

反之，如果能經常地如理作意，如實地去注意事物的無常、苦、無我、不淨的特點，五蓋就得以滅除。最終，隨著成就聖者果位，修習者也能夠清楚地知道，已經徹底斷除的蓋障，如何沒有再次生起的可能。

對於其餘的蓋障，也都是以如上的方式來觀照：

內有瞋恚時，了知：「我內有瞋恚」……

內有昏沉與懶惰時，了知：「我內有昏沉與懶惰」……

內有掉舉與後悔時，了知：「我內有掉舉與後悔」……

內有懷疑時，了知：「我內有懷疑」；內無懷疑時，了知：「我內無懷疑」。他了知未生的懷疑如何生起；了知已生的懷疑如何斷除；了知已斷的懷疑如何於未來不再生起。

內心有某項蓋障時，便了知有這樣的蓋；沒有這蓋障時，也如實了知沒有；當蓋障生起，了知這個蓋為什麼會出現；當蓋障滅去，清楚了知其何以滅去；最後，清楚知道已被斷除的蓋障，如何在未來能夠永不生起。這是法念住中，第一項隨觀五蓋的練習。

（二）五取蘊

對治了障礙專注、善法的五蓋後，法念住中的下一個練習，著重於實際觀察身、心的一切現象，也就是五取蘊。

對於五取蘊無法如實知見，形成了有「我」的見解，這便讓對自我的渴愛與執取有了立足點，令眾生於長夜輪迴之中，不斷背負著五取蘊的重擔。

要處理這份重擔，不只是要能聽聞、理解五取蘊的內容，更重要的是透過切實的觀照，體會到依緣而生的五取蘊，是如何在生滅變化的。由此，斷除對身心錯誤的見解，就是解脫智慧生起的關鍵。如《法句經》云：「**若人常正念：諸蘊之生滅，獲得喜與樂，知波得不死。**」[44]

修習者藉由這項念住，真正地去練習觀察身心的各種現象：

在此，比丘〔了知〕：
「色是這樣，色的生起是這樣，色的滅去是這樣；
受是這樣，受的生起是這樣，受的滅去是這樣；
想是這樣，想的生起是這樣，想的滅去是這樣；
行是這樣，行的生起是這樣，行的滅去是這樣；

44　《法句經·第 374 偈》(CBETA, B07, no. 17, p. 76, a8 // PTS. Dhp. 54)

識是這樣，識的生起是這樣，識的滅去是這樣。」

　　如實地觀察色，觀察其不過只是由四大和合而成的。隨著修習進展，修習者也能觀察到色法之生起與滅去，而不再將色身視為堅固、實有的。同樣地，修習者也觀照受，平等地去看待各式各樣的感受及其生滅；觀照以概念作出認知的「想」及其生滅；觀照由眾多因素組成的意志、意圖、行動動機之「行」及其生滅；觀照透過根、塵接觸而生起的分別知覺，也就是「識」和其生滅。

心 | 道 | 法 | 師 | 語 | 錄

　　所以禪修時，對於五蘊，我們是不是能識破？對於「五蘊非我」這個的關鍵觀念，是不是很清楚？五蘊它只是一個投影，投影在我的明瞭之下，它總是穿梭不停的，就像流水，我可以管它，也可以不睬它，而流水跟我之間是不需要有什麼瓜葛的。

（三）六入處

法念住的下一個修習，與帶來感官經驗、體驗事物的內、外六入處有關。隨著眼見色、耳聽聲、鼻聞香等，根、塵、識會合，便緣生了「觸」。觸的產生，使得感受、概念認知，以及意志的運作等心理活動得以生起。對此未如實觀照時，便能引生後續的渴愛、執取及後世的存有。因此，感受在緣起法的教導中，扮演著重要的角色。

隨觀六入處的練習，是去對感官經驗如何形成，以及其如何引生結縛煩惱如實知見。既觀照內六處、外六處，也了知其中的結縛是如何生起、如何斷滅、如何能夠盡斷無餘而不再生起。以眼為例：

> 在此，比丘了知眼，了知色；了知依緣於〔眼、色〕二者而生的結縛；了知未生的結縛如何生起；了知已生的結縛如何被斷除；了知已斷的結縛如何於未來不生。

結縛就如堅固的繩索，將眾生繫縛在三界當中無法出離。經典中，列出了最主要的十種結縛：五下分結與五上分結。五下分結，能將眾生束縛在欲界的生命當中；五上分結則能令眾生無法離開色界、無色界的生命型態。

隨著證悟初果，成為須陀洹聖者時，將能夠徹底斷除身見、戒禁取、疑這三結；而證悟二果，成為斯陀含聖者時，貪、瞋、癡的力量都大幅減弱；證悟三果，成為阿那含聖者時，能夠徹底斷除五下分結；證悟四果，成為阿羅漢聖者時，則能完整地斷除五上分結，徹底掙脫三界的生命。

繫縛眾生於色界、無色界	四果聖者，阿羅漢所斷				
五上分結	色貪	無色貪	掉舉	慢	無明
五下分結	身見	戒禁取	疑	欲貪	瞋
繫縛眾生於下界：欲界	初果聖者所斷			三果聖者所斷	

論典當中，也提及了無法忍受看到他人獲得成就的嫉妒、以及不願與人分享的慳吝等結縛。總之，要能夠斬斷這種種結縛的關鍵，都落於對六入處的運作，能夠如實知見的智慧。佛典中，難陀尊者曾以一個譬喻說明，智者是如何以智慧作為利刃，斬斷結縛的：

> 譬如善屠牛師、屠牛弟子,手執利刀,解剝其
> 牛,乘間而剝,不傷內肉、不傷外皮,解其肢
> 節、筋骨,然後還以皮覆其上。若有人言:「此
> 牛皮肉全而不離。」為等說不? [45]

就像是將牛的皮、肉、筋骨,巧妙地以利刃分離,又將外皮包覆回去。這樣一來,從外看來,似乎還是一隻完整的牛。但其外表的皮,其實早已不再與底下的肉緊密相連了。

譬喻中的肉,正譬喻著內六處,皮則是譬喻外六處。對於一位有智慧的修習者而言,雖然在生活中一樣會有感官的運作,卻能總是讓看,回到僅僅只是看。於聽、聞、嚐、觸的時候也是如此,純粹只是聽、聞、嚐、觸,而沒有多餘的聯想、評價,更不會因此而生起煩惱。

這樣的情況,就像是譬喻中皮與肉彼此之間,已經不再緊密相連的情況。這是如何做到的呢?這裡的關鍵就在於切開繫縛的利刃,也就是智慧——以智慧來如實知見內、外六入處,斬斷結縛,不再攀附、迷失在一切的境界當中。

45　《雜阿含經·第 276 經》(CBETA, T02, no. 99, p. 75, b1-5)

人之所以有煩惱，完全是我們執著於「境」而產生的。其實，煩惱原本與我們是無關的，就像鏡照物時，我們可以從鏡子裡看到任何東西，但這萬事萬物會影響鏡子嗎？所以，我們爲什麼會被萬事萬物所牽絆呢？那是因爲我們執著於「境」，認爲境就是我們，而產生了貪執的念頭，煩惱便伺機而出。

（四）七覺支

法念住中第四項練習，是隨觀七覺支。七覺支，本身即是三十七道品當中，一組重要的修習，與實際在練習禪修時的進展次第，有密切的關聯。「覺」指的是覺悟；「支」則有組成部分、要素的意思。

因此，七覺支指的便是七項覺悟的組成部分或要素。這七項覺支分別是：

七覺支	涵義
念覺支	建立穩固的正念。
擇法覺支	以智慧對身心現象如實探究、審查。
精進覺支	穩固、持續、有力量地保持觀察。
喜覺支	體驗非世俗的喜悅,對修行生起好樂。
輕安覺支	身心的輕盈、安定、寧靜。
定覺支	心穩定地攝於一處,不動搖。
捨覺支	保持平衡、平等地觀看。

至於七覺支的詳細內涵與進展,將於第八章再更進一步地介紹。在法念住的修習中,隨觀七覺支,是從初步了知內心是否具有種種覺支開始。以隨觀念覺支為例:

比丘們啊!在此,
比丘內有念覺支時,了知:「我內有念覺支」;
內無念覺支時,了知:「我內無念覺支」。
他了知未生起的念覺支如何生起;
了知如何藉由修行來圓滿已生起的念覺支。

內心生起覺支時，就如實地去了知；而沒有生起的時候，也僅是清楚地知道尚未生起。既不錯誤地以為已經生起了覺支，也不會去試圖營造、假想實際上尚未達到的境界。隨著修習的進步，修習者將能了知原先尚未出現的覺支，是如何地生起的。也能逐漸了知，已經生起的覺支如何可以透過不斷地修行、練習，來逐漸達到圓滿。

（五）四聖諦

法念住中的最後一項修習，是隨觀四聖諦。

四聖諦，是佛陀以及一切解脫聖者親修、親證的智慧。其揭示的苦、苦因、苦息滅的狀態，和離苦的道路，確實都是修習者可以親自觀察的到的。

比丘們啊！在此，比丘如實地了知：「這是苦」；

如實地了知：「這是苦的因」；

如實地了知：「這是苦的滅」；

如實地了知：「這是趨向苦滅的道路」。

持續修習之下，修習者對於苦諦將不停留於聽聞，而是能夠真實體會到，一切世間的現象，皆是因緣和合的，是隨緣生滅變動的。是無常、無實、無安穩、無可把握，究竟無樂可得的；修習者也將能如實地了知導致苦生起

的「集諦」，體會到渴愛是推動苦的主因，既帶來此世的種種辛苦，更將不斷地引生後世輪迴生命的存有，伴隨著喜貪，使眾生生生世世到處攀緣、貪求；如實了知到「滅諦」，切實體會那份煩惱與苦悉皆滅去的清涼；以及確實體會「道諦」，了知這一路行持的八正道，確實是足以將種種苦除滅無餘的實踐道路。

二、修習念住的效益

清晰的念，導向真實的知見，令修習者能夠離開對現象的執取，並親自證得四聖諦的智慧。是以佛陀保證，若能真正投入心力精勤地修習四念住，長至七年，短則僅需七天，就能夠證得解脫道上的聖者果位。

當然，到達證悟所需的時間，是與每個人宿世的學習因緣有關的。無論如何，在現世的努力，踏實地持守戒律，以及持之以恆地進行禪法的修習，都是必不可少的。是否能夠獲取這樣的效益，關鍵仍落在每個當下，都要即時喚起正念，精進地觀照、覺知當下的身心。每當妄念、煩惱現起時，都能夠妥善地運用念住的教導來面對的話，就能夠讓生命越來越清明。

我們現在的修行像在捉迷藏，捉來捉去，眞是蠻遙遠的，可是你沒有經過時間的煎熬，你沒有經過這些體驗，你沒有經過跟這些念頭的搏鬥，不可能！每一個念頭，你是要跟它搏鬥的，來來去去搏鬥，跟睡眠搏鬥，又跟妄念搏鬥，又跟五毒貪、瞋、癡、慢、疑搏鬥，又跟財、色、名、食、睡拉扯了半天，慢慢我們才進入狀況。所以需要耐心，需要一種長期抗戰的努力！不要怕困難，這些過程都是開悟必經之路。如果你沒有努力，連這些過程都沒有了，都是混混漿漿過日子，都是波濤洶湧的，起起落落的内心戲。

修習念住，不只是能夠有效地減消個人的煩惱。當運用到更寬廣的層次時，也構成了利益他人的基礎。佛陀曾經為弟子們說了一個故事，教導這樣的道理：

過去有對表演平衡特技的師徒，師父讓徒弟站在肩膀上的竹竿，並且維持平衡。當徒弟站上竹竿後，師父就對徒弟說：「徒弟啊！你在上頭保護我，我也保護你，這樣互相保護，就能好好完成表演，賺到許多財富。」

弟子卻對師父說：「不是這樣的，我們應該各自保護自己，才能好好完成表演，獲得財富，我也才能夠平安地從竹竿上下來。」

　　師父回答：「確實像你所說，我們各自保護自己吧！」佛陀說，正如故事中弟子所說的，無論是要保護自己，或是要保護他人，都需要練習念住：

> 比丘們啊！〔想著〕：「我將保護自己」時，
> 也應該練習念住；〔想著〕：「我將保護他人」
> 時，也應該練習念住；比丘們啊！保護自己時，
> 便保護了他人；保護他人時，便保護了自己。[46]

　　從我見出發的各種煩惱，像是貪欲、瞋恨、嫉妒、憍慢，都只會推動傷害他人的行為。但是熟練念住時，便能夠掌握調伏、守護好自心的方法，避免讓煩惱傷害自己或是傷害他人。這使得當我們以念住保護自己時，同時便是保護了他人。

　　經過如此鍛鍊的心，能夠更為柔軟、具有耐心，也能以真誠的慈心、悲心來待人接物。如此，不僅能夠避免許多不必要的衝突、對立，也才能夠真正體會他人的需

46　故事參《相應部・第 47 相應・第 19 經》(PTS. S. 5. 168-169)，中譯取自《從修行到解脫》
　　p. 198，溫宗堃譯。

要，實際為他人帶來利益。當人與人之間，能夠建立這樣真誠的互助關係時，彼此之間便不存在互相傷害的理由，也就擁有了真正和平的基礎。因此可以說，在這樣去保護他人時，同時也就是回過頭來保護了自己。

三、總結

三十七道品中，居首的四念住，是道品修習的核心。

各念住的修習，都能使世間的無常、苦、無我的真實樣貌自然顯現。但因著四類念住各自具備的不同特性，其修習要點也常被濃縮為「**觀身不淨，觀受是苦，觀心無常，觀法無我**」這樣的精要教導。這是帶出了修習身念住，特別能夠揭露身體的不淨，來破除身體是清淨、美好的認知；修習受念住，能從感受的倏忽即逝，深刻了解追逐感官欲樂的徒勞；修習心念住，則特別能夠認識到心念的快速生滅與變化無常；修習法念住，則特別能實際地以隨觀五取蘊、六入處等法理，深刻地破除在身心當中，有堅實的自我的認定。

從這樣的體會，修習者慢慢能夠不再受制於一切世間的苦樂、得失等等際遇的牽引。因此，念住構築的這條

道路，確實具有超越愁、悲、苦、憂等世間煩擾的效益，
能夠直接地導向解脫離苦。不僅於此，當能收攝了習慣
向外追求的心，也能幫助我們避免被煩惱控制而侵害他
人，並且能夠發自內心地，以良善對待他人，為世間帶
來真正寧靜、和平的基礎。

心｜道｜法｜師｜語｜錄

我們看到這個地球不寧靜、人的心不寧靜、人
們不寧靜、社會不寧靜，因為不寧靜產生了衝突與
貪執，造成對自然的破壞、社會的衝突、人際之間
彼此關係的破壞，這都是因為我們的心不能寧靜；
我們的心不寧靜，我們自己本身就沒有辦法安定，
沒有辦法還原。心一昧向外貪求，所以世界就不和
平了。

這個時代就是資訊太多，雜音太多。資訊多、
想法多、紛擾多，所以我們更需要寧靜自己的想
法，把心找回來。所謂的寧靜，就是觀照我們自己
的心，而不是觀照外在的一切的現象跟變化。當心
寧靜了以後，就會看到心的存在，看到心的空間；
不寧靜的時候，看不到心，心的空間不見了、窄小
了。當我們的心寧靜了以後呢，我們可以看到美

好，會覺得每個人都是無諍、和諧的，感覺得到彼此之間更親切了。寧靜下來，觀看自己的心，讓心離開一切的貪染、對立、迷惑，心回到心，就能夠安靜、安定，寧靜下來！

面對世界，我感覺到人心最渴望、渴求的，就是內在的寧靜，也唯有寧靜可以創造和平。我們寧靜這個世界，讓地球平安，希望社會更美好、更和諧、更有愛心；我們寧靜自己，讓自己沉澱、溫暖、和諧，我們共同開啓這份寧靜。唯有我們的心和平了，世界才能眞正和平。

學｜習｜體｜驗

◆ 五蓋當中，我最常生起哪一蓋？當內心有這項蓋障時，我是否能清楚覺知內心有這樣的蓋障？而當內心中沒有這項蓋障時，又是否能覺知沒有這項蓋障的狀態？

◆ 當種種結縛依於六入處生起時，我是否能夠即時覺察到結縛生起？試著紀錄實際以隨觀六入處的方式，來面對結縛的實例與心得。

第五章　四正勤

・明白四種正勤的內涵。

・能在生活中實踐四正勤，積極地斷惡修善。

一、豎立成就的支柱

　　三十七道品中的第二組道品是四正勤。四種正勤，教導了朝著正確的方向努力的方法，分別是：

　　◆ 未生惡令不生：當有機會造作惡業的時候，選擇不造作惡業。

　　◆ 已生惡令斷滅：斷除、停止正進行中的惡業。

　　◆ 未生善令生起：能提起勇氣與心力，去進行尚未造作的善業。

　　◆ 已生善令增長：不因既有的善行而滿足，繼續加強、增廣已在進行的善行。

　　正如〈七佛通誡偈〉所教導的：「**諸惡莫作，眾善奉行；自淨其意，是諸佛教。**」無論是持守十善業道，或致力於戒、定、慧三學的聽聞、思惟、修行，乃至菩薩

道的修學，種種成就善法、捨棄惡法的實踐，都需要有精進的力量來支持。

四正勤不只是構築了八正道中的正精進，作為一組完整的道品，也能夠視為是一套完備的解脫修學。這份精進，在修習其他任何一組道品的時候，都是不可或缺的。《大智度論》中，就曾經以能令穢物排出的瀉藥譬喻道品，其中，精進便是最重要的一味藥方：

> 一切眾事，若無精進，則不能成。譬如下藥，
> 以巴豆為主；若除巴豆，則無下力。如是意止、
> 神足、根、力、覺、道，必待精進；若無精進，
> 則眾事不辦。[47]

「精進」這個字詞，原先和英雄所具備的特質有密切的關聯。不過，這種英雄氣魄並不是用來征服戰場，擊敗敵人，而是要讓我們成為戰勝自身煩惱的勇士。

要能獲得這份勝利，仰賴於一路持續的勤奮努力——既不滿足於已經實踐的善法，也對仍須付出的勤奮不起畏懼。佛陀便是圓滿地培養了這樣的精進，因此能得到覺悟的成就：

47　文中的「意止」指「念住」；「覺」指「七覺支」；「道」指「八正道」。參《大智度論・序品》(CBETA, T25, no. 1509, p. 173, a11-14)

比丘們！我澈知兩種法：不自滿於善法、不退縮於奮鬥。我毫不退縮地奮鬥，〔心想〕：「寧願身內血、肉乾枯，只剩皮、筋、骨，只要尚未達到以男子之剛毅、以男子之精進、以男子之勇猛所應達到的〔境界〕，絕不停息精進。」[48]

將精進變成習慣時，無論遇到怎麼樣的挑戰，都能使身、語、意遠離不善的造作，並持續成就善法。這就像是為破舊的老房子，加上穩固用的支柱，[49] 使其不因外在的風吹雨打就輕易搖動、倒塌。

日常生活中，充滿著許多誘惑與挑戰。一旦缺乏了作為支柱的正勤、正精進，碰到誘惑，就容易放縱為惡；碰到阻礙，則生起退心，放棄了辛苦培養的好習慣。

面對著這些狀況時，若有著強大且正確的精進作為後盾，便能夠穩固道心，守護已培養的善行與良好的心態品質。正勤，如此地使生命不偏離正軌，朝正確的方向前進。因此，可以說是成就修行的支柱。

48　《增支部・二集・第 5 經》（PTS. A. 1. 70-76），關則富譯，《巴利語佛經譯註—增支部（一）》，新北市：聯經，2016，pp. 144-145。「男子」（purisa）亦作「丈夫」、「人」。

49　《彌蘭王問經》(CBETA, N63, no. 31, p. 58, a11-p. 59, a7 // PTS. Mil. 52)

二、喚起修行的迫切感

若要喚起精進，經常去思惟佛陀所教導的苦諦，觀察世間的無常危迫，生起對於修行的迫切感，會是一個很有效的方法。

若能仔細審視，其實我們往往不知道此生還有多少時間可以用來修行。即使現在的身體看似健康、頭腦靈活、飲食無虞，社會環境也足夠和平，具足著種種學習佛法的因緣，但這些都不是理所當然、恆常不變的。一旦有了意外，因緣不再具足的時候，我們是否還能夠保證可以來好好地聽聞與思考呢？

這些不確定的因素，逼迫著眾生的生命。如佛陀所提醒的，老化、死亡，就有如四面傾軋而來的巨大高山，即便未至眼前，仍確實步步進逼。無論在世間具有何等的財權、身分、地位，皆無人可免。[50]

在這種情況下，若我們不能確定是否已經累積足夠的福德，好能保持投生善趣，避免墮入惡趣的話，還有什麼比把握當下的任何一個機會，造作善業，精進修學更重要的呢？

---

50 《相應部經典·第 3 相應·第 25 經》（CBETA, N13, no. 6, p. 170, a4-6 // PTS. S. 1. 101）

一旦墮入惡趣，便有如佛陀所舉的盲龜穿軛之譬喻：[51]
由於身處惡趣難以行善、經常處於痛苦、恐懼之中，又
缺乏聽聞、理解教法的因緣，要能夠重新回到善趣的機
會是極為渺茫的。經常去觀察、思惟這些輪迴中的過患，
能夠令我們保持對於苦之警覺，喚醒對於修行的急迫感。
如《經集》中亦云：

> 起來！坐起來！睡覺有什麼用？
>
> 對那些被箭射中而受痛苦折磨的人，睡覺有什
> 麼用？
>
> 起來！坐起來！堅定地學習，求得平靜。
>
> 別讓死神知道你懈怠，把你愚弄，落入他的掌中。
>
> 越過天神和世人都渴求和執著的貪慾；
>
> 不要錯過你的時機，因為錯過時機的人在墮入
> 地獄時不勝悲哀。
>
> 懈怠是污垢，繼續懈怠是污垢；
>
> 應該通過勤奮努力和學習知識，拔出自己的箭。[52]

論典中，則彙整了八項可以經常思惟的苦。[53] 包括：
思惟生苦、老苦、病苦、死苦、墮入惡趣之苦、過去輪迴

---

51 《中部・第 129 經》(CBETA, N12, no. 5, p. 161, a13-p. 162, a12 // PTS. M. 3. 169)

52 《經集・第 331-334 偈》(CBETA, N27, no. 12, p. 88, a8-p. 89, a3 // PTS. Sn. 57-58)。中譯
取自：郭良鋆譯，《經集》，台南：台灣南傳上座部佛教學院，2011 年。

53 《清淨道論・說地遍品》(PTS. Vism. 135)

之苦、未來輪迴之苦、現在世謀生之苦。身處輪迴當中，隨時都可能遭遇這許多的苦，我們必須把握當下的時機，盡可能地做好準備。

　　身為人身的生命，是極為可貴的。如《長老偈》中提醒的：「**光陰少或多，對此勿空過，過去一夜時，此沒生命減。**」[54] 佛門中也有一首廣為流傳的偈頌提到：「**是日已過，命則隨減，如少水魚，斯有何樂？**」如此經常思惟苦的現實與生命的有限，並不是庸人自擾，徒增愁苦，而是如實地彰顯當下能用於精進的光陰的可貴。由此，反而能夠不再虛度時光，更為踏實、積極地去運用當下每一刻的生命。

心｜道｜法｜師｜語｜錄

　　我也待在破房子那裏修行，但經常都在露天，因為那裏的牆要倒要倒的，屋頂破破爛爛的。我覺得這個世間就是這樣的破爛，讓我們恐怖。在這個破屋下修行，讓我更覺得世間是那樣的無常、不安定，所以在無常的逼迫下，我就一直努力精進，讓我能去了解到我們的真知，然後解脫煩惱。

54　《長老偈經・第 451 偈》(CBETA, N28, no. 15, p. 146, a9 // PTS. Th. 47)

　　我的修行就是用苦來覺醒自己，用苦來精進自己。在我們的世間，大家都誤解了，只覺得苦，但有沒有人相信我們可以從苦中來體會真理，從苦中去追求佛法，從苦中去證知真理的可貴？

三、四正勤的實踐

　　落實四正勤，首先要對想實現的目標，生起實際行動的欲求，並且真正地付諸行動，激起動力，策勵其心，將心導向目標，並為了實現目標，刻苦勉勵，能長時間地投入其中。一切時、一切處中，都是生起這樣的意願，堅定地練習教法的時機。

　　針對個別的正勤內容，也可以以不同的方式來修習、深化。對未生之惡，可透過守護根門來防堵；對已生之惡，可藉著斷除不善的思惟、念頭來對治；對於未生之善，可以多加反省尚未著手去作的善業，著重於禪修、七覺支的培養；對已生之善，則反省是否還有未圓滿的善業，並努力守護禪修的成果。

（一）未生惡令不生

　　尚未生起的惡業，可以藉著落實守護根門來防治。不論是對於初學者或進階的修學者而言，這都是相當有幫助的修習。

以眼根為例,在《雜阿含經》中佛陀教導:「**若眼見色時,莫取色相,莫取隨形好。**」[55]其中的「取相」,指的是未能如理地觀察,造成對於事物的形相、特徵有所執取。舉例來說,對著明明是由五蘊組合而成的「眾生」,內心卻對眼前所呈現的形相、特徵,進行捕捉與取著,認為這確實代表存在「某位異性」在我的眼前。

　　未守護根門時,眾生的內心往往會循著慣性,去如此捕捉事物的特徵,進而將其視為可喜或不可喜的,並且據此生起貪著或拒斥的反應。不僅如此,心還會更進一步地黏著其上,繼續注意其他細部的特徵。譬如:不只是認為眼前有了異性出現,還更深入地去注意眼前的異性的五官、神情、身材、姿態等等。若此,心不斷攀附在各種特徵上,更多的煩惱、妄想也就紛沓而至,不斷繁衍增加。

　　日常生活中,這樣的觀察方式,好像只要沒有促成嚴重的不善身體行為,或是粗惡的言語,就沒有什麼大問題。但真的是這樣嗎?其實,一旦沒有養成守護根門的習慣,將會為後續無數的惡業與苦果,鋪下了道路。對此,佛陀曾經使用一則貓吃老鼠的故事作為譬喻:[56]

55　《雜阿含經・第 1165 經》(CBETA, T02, no. 99, p. 311, b9-11)

56　《雜阿含經・第 1260 經》(CBETA, T02, no. 99, p. 345, c7-23);《相應部・第 20 相應・第 10 經》(CBETA, N14, no. 6, p. 344, a5-7 // PTS. S. 2. 270)

過去，有隻飢餓了很久，身形消瘦的貓，等在老鼠躲藏、群居之處，準備獵食老鼠。好不容易，等到了一隻幼鼠出現，飢餓的貓不假思索，一口就把幼鼠吞進肚子。

沒想到，被生吞的幼鼠在求生本能的驅使下，為了找尋出路而在貓的肚子裡亂咬一氣。這隻貓只覺腹內疼痛難當，但不明白為何會遭遇這樣的痛苦，不明就裡地到處奔走，終因傷重而死去。

佛陀形容，未守護好根門就像如此。由於缺乏智慧，一不小心，就陷入了危險、導向痛苦的處境。到最後，連為什麼會遭遇這麼多痛苦，都毫無頭緒。

經典中，也用魔王的釣餌來譬喻種種誘人的感官對象。這些外境，有如釣魚用的鉤、餌，一旦眾生被餌食給吸引上了鉤，也就只能落入魔王的掌握，任其宰割了。[57] 因此，佛陀也教導必須要「藏六如龜」[58]，學習烏龜為了避免被獵食者狩獵，退縮殼內的這份小心謹慎，不任意鬆懈的態度來守護根門。如此地以清明的念觀照，正是防微杜漸，避免尚未生起的惡業最好的方法。

（二）已生惡令斷滅

經云：「惡業未成熟，愚人思如蜜；惡業成熟時，愚

57　《雜阿含經・第 244 經》(CBETA, T02, no. 99, p. 58, b28-c4)

58　《雜阿含經・第 1167 經》(CBETA, T02, no. 99, p. 311, c22-25)

人必受苦。」[59] 當惡業未成熟的時候，往往因為沒感受到苦果，而不令人在意，甚至令人樂在其中。只是，隨著煩惱蔓燒開來，苦果現前，令人遭遇困頓的時候，往往已經是難以脫身的時刻了。

對於仍在學習中的凡夫而言，不太可能完全避免造作不善。那麼，當隨眠煩惱已經被誘發，成為纏縛煩惱，或是發為違犯煩惱的時候，我們可以怎麼去處理這樣的已生惡呢？

首先，造作了惡業時，並不需要以自暴自棄、憤怒或悔恨的態度來面對。應當正視問題，提起正念來好好覺察。運用正確的方法，看清楚內心到底發生了什麼事情，善巧地改過，才能夠真正避免造作更多的惡業。

出了問題的身惡業、口惡業，是由有問題的思惟、念頭，也就是意念所推動的。如果放任內心對感官欲望的貪求，或是瞋恚與加害他人的思惟不管，就容易接著去做傷害自己、傷害他人的事情。所以，如果能夠在這些念頭生起時，立刻使用方法來對治，使其力量減消、消除，那麼隨後的不善行為，也就沒有機會現起了。

怎麼實踐？佛陀曾教導一組方法，幫助我們不再衍生這些不善的念頭。[60]

---

59 《法句經·第 69 偈》(CBETA, B07, no. 17, p. 46, a17 // PTS. Dhp. 6)。

60 《中部·第 20 經》(CBETA, N09, no. 5, p. 168, a02-p. 172, a10 // PTS. M. 1. 118-122)。

1. 以善念取代不善念

首先，當我們注意著事物的某些特徵，而生起不善的念頭時，應當轉而注意其他與善相應的特徵，用善的念頭來替代不善的念頭。如注意身體的不淨，來對治感官欲望；以修習慈心，來替代對他人的瞋恚。

這些對立的善、不善心，不能在同一時間一起生起。因此，若能喚起善心，對應的不善心也就沒有出現的空間了。如經典中所譬喻的，這樣的做法，就像是善巧的工匠或其學徒，以精細的、完好的楔子，去頂出並取代粗舊的楔子一樣。

當使用了正確的對治方法，就能夠使心的不善為善所取代，達到除滅不善念頭的效果。

2. 思惟過患

如果前面的方法，沒能除去不善的念頭，則可以採用第二種方法——思惟這些不善念頭可能帶來的危害、過患。

經典中，用了一個譬喻說明這樣的方法：就像是喜愛打扮的年輕人們，如果發現脖子上掛了蛇的屍體，或是狗的屍體，一定會感到非常厭惡，而想趕快把它取下。這樣的方法，可以喚醒內心慚、愧的力量，也就是尊重自己的身分，恥於不善的念頭；以及畏懼惡業的苦果，發自內心想要遠離不善。

我們可以如此思惟：這些內心不善的念頭，只會為自己帶來痛苦、損失，或是造成他人的痛苦與損失，甚至是對自、他兩方都造成損害。同時，這些對於智慧的增長、煩惱的減消，也都是毫無幫助的。如此，就能夠讓心慢慢平穩下來，起到斷絕不善念頭的效果。

3. 無視、轉移注意

當上述的方法也無法奏效的時候，則可以轉而嘗試第三種方法——試著不去注意不善的念頭，好遺忘它，使其自然地消失。這就像是一位視力良好的人，由於不想要看到進入視野的事物，而選擇閉上眼睛，或者是轉看別處一樣。

4. 探求原因

如果以上的做法還是行不通，則可以嘗試第四種方法：探究不善念頭的根源，也就是探求這個不善念頭是如何產生的。直接地去審視：為什麼會產生這些不善的念頭呢？明白其根源之後，便下定決心，試著止息這不善的念頭，令其消失。

5. 強力鎮壓

若以上的四種方法，都沒有辦法止息內心強大的不善念頭。則可以使用最後的一種方法，來全力一搏：咬緊牙關、舌抵上顎，奮力地來擊敗、粉碎不善的念頭。

（三）未生善令生起

對於基礎的布施、持戒、十善業道等等修行項目，應當常常反省，自己是否有遲遲沒能開始著手的部分。一切善法，唯有真正地落實在生活中，才有可能啟動生命的改變。隨著如此反省，令善法開始生起，就是在實踐「未生善令生起」這一項正勤。

為了要培養如實觀察的智慧，在諸多應修習的善法當中，則應特別重視培養禪修的習慣，也就是逐步地培養七覺支。七覺支，以念覺支為首，因此最好的使「未生善令生起」的作法，就是著手開始練習四念住等禪法，來培養正念。一旦精熟於喚起正念，具足念覺支時，就能夠逐漸地令其他覺支隨之生起。

（四）已生善令增長

已生善令增長，強調對於已著手進行的善法，應試著令其繼續增長廣大。

具體的作法，則可以試著去回憶、憶念曾經造作的善業。如：回憶曾經做過的布施、持守的戒律、行持過的十善業道等。這樣，不只是過去已經造作了這些善業，種下了善的種子，在現在再次憶念善業時，當下的心又能夠獲得良好的品質，而有利於未來更多的善業生起。

如果已經建立了禪修的習慣，也應設法繼續維持。這可以透過維護能輔助禪修順利的條件來達成，像是：選擇適當的飲食、維持環境的整齊、清潔等。藉此，好讓培養的定力、智慧不會因為疏於練習而退失。

最後，倘若已經體驗、得到了許多禪修的利益或成就，在圓滿成就聖者的智慧之前，也不因這些既有的成就而滿足或懈怠。

四、總結

正勤、精進，是能夠對治堅固的煩惱與不善習氣的重要力量。在每組道品的修持當中，都不能夠缺少這個能夠支持善法生起的支柱。

帶著這份勤奮修習，慢慢便會加深對於生命的無常、苦、無我的體會。這份體會，又會帶來更強烈的修行的意願。可以說在當下就選擇付出努力的好處之一，是能夠使未來的努力變得更加容易與自然。

追求解脫的修學者，皆須藉著四正勤，一次次地練習斷惡、修善，導正意念與行為。四正勤的教導，令所謂的精進修學有了更為具體的樣貌。同時，也提供了可供不同情形運用的下手處，使修習者在日常生活或專門的禪修中，都能精準地針對已生、未生的善法或惡法來處理，讓每個當下，都能回到修行的主軸上。

佛陀與諸多聖者、祖師們，在追求解脫或是無上的智慧時，都確實付出了超乎常人的努力，全心地投入。當我們在修習的過程中，難免會有懈怠或是退縮的時候，這時，不妨回頭多思惟他們關於精進的言教與身教，將生命重新定位，無懼地繼續朝善的方向前行。

心│道│法│師│語│錄

　　我們的生命短暫又快速，今生能得遇佛法，擁有明確的人生目標與方向，就要好好耕耘、行持。有些人常會感覺「人生真無奈，因此而懈怠」，對生命沒有動力，為何會如此？因為不懂得珍惜生命。

　　要知道，我們不是每一生都能生為人身，所以我們做人的時候，就要好好地去想：「我今生要如何達到生命的高點？」　什麼是生命的高點？就是讓生命不虧本，時時刻刻珍惜現在擁有的生命，爆發出生命的火花，讓生生世世都能賺到啊。雖然我們賺到這個人身，但是卻常常一直消耗它，耽於吃喝玩樂，浪費生命，最後什麼都沒獲得。

現在，我們既然學習了佛法，就要緊跟著佛陀的腳步走，精進做善業、做覺醒的事，解脫諸多恩恩怨怨，把善業這盞燈點亮，這是我們今生學佛，一個很重要的起點，要持續、堅固去做，也是我們學佛最大的成果。

學｜習｜體｜驗

◆ 在自己的修習中，是否有想著手實踐的善法（如五戒、十善、布施、禪修、日課……）卻尚未去做？可能有哪些因素，導致我尚未開始？

◆ 我有哪些持續練習的善法？我是如何維護這樣的好習慣的？

第六章　四神足

學習目標

· 了解四神足的修習內容。

· 能運用四神足於實際修學，推進禪修的進步。

一、神足——成就的基礎

神足，也作如意足。「足」既有腳的意思，也代表著某件事情的基礎。「神」則常被理解為神通變化，從其被翻譯為「如意」的角度來說，也多了一份如意自在，心想事成的意象。

固然，神足的修習是與神通變化的能力有所關聯的，不過這裡的「神」或「如意」作為一個翻譯而來的字詞，其背後則也有著「成就」的意義在。因此將「成就」，配合「足」所代表的「基礎」，神足的意思，就可以理解為「成就的基礎」。

這樣的基礎，是要成就什麼呢？雖然神足確實有帶來神通的潛力，但是作為三十七道品的一組，四神足真正要成就的，則與各組道品一樣，是要斷除煩惱，從苦當

中解脫。也就是說，如果能在生命中培育好四神足，就是打下了堅實的基礎，而能夠成就圓滿的漏盡解脫。

（一）欲、勤、心、觀的意義

四項神足分別是：欲神足、勤神足、心神足、觀神足。在進一步認識四神足的修習之前，值得先來了解欲、勤、心、觀的意思。

欲神足的欲，並不是指感官欲望的意思，而是欲求、希求、強烈地想去實行，對行動有著極大的好樂的意思。

勤，指的是精進，也就是對想完成的事情，能夠勇於付諸實踐，並且持之以恆。

心，有下定決心、專注一心的意思。也就是具備不動搖的決心，對於想要達到的目標，能夠不分心地專注其上。

觀，則是審察、思考的意思。也就是用智慧決定、抉擇，應該用什麼樣的方法才能夠完成目標，以及明白完成目標，能夠帶來什麼樣的利益。

具備這四種基礎，確實對於獲得成就是很有幫助的。即使是在追求世間的成就時，也必然需要這四種基礎——

要對想達成的目標，有著強烈的嚮往；得實際地付出努力，堅持不懈；過程中不能輕易改變心意，必須常保專注及具備決心；也得以智慧來不斷審察、思量，反省還可以怎麼去努力，經常思索達到目標能夠獲得的利益，來維持動力，繼續往目標前進。

（二）神足的培育

在神足的修習脈絡中，要妥善地培養欲、勤、心、觀這四項基礎，來完成出世間的成就。

修習各神足的時候，包括了兩個部分：首先是要將這四種基礎運用於開發禪定，鬆、緊適中地攝心一處，使心進入深度的專注。其次，是令正勤圓滿具足，斷除應斷除的惡法，圓滿應圓滿的善法，如去除五蓋與圓滿七覺支。

結合以上兩個部分，便能更加清晰地了解各個神足要培育的內容。在欲神足的脈絡下，欲指的是一種強烈地想要實踐善法的善法欲。怎麼培養呢？我們可以多加留意禪修帶來的利益，如其安定身心的效果，讓對善法強烈的希求、好樂能夠生起。具備這樣強力的對善法的欲求，就能夠有效地推動禪修的進步，令心念專注、安止，也能夠持續地斷惡修善，完成四正勤。

修習勤神足時，則改以精進為主導。培養內心強大的精進，相信只要努力，就能夠得到進步，不害怕投入時間、也不害怕遭遇到的障礙，帶動禪法的進展，並成就四正勤；修習心神足，則是以培育強烈的決心，試著不三心二意，不分心追求各式各樣的目標，而是專注在禪法的練習上，以此作為生命的主軸，來推進禪修的進展，以及成就正勤；修習觀神足，則是多練習以智慧來思惟、審察，經常思惟禪法的利益，以及不修習會有的過患。思考：我要用什麼方法可以更順利地完成目標？經常以智慧去評估、思惟，來取得禪修的進步和成就正勤。

心｜道｜法｜師｜語｜錄

　　早晚十五分鐘到半個小時，一天兩次，這個是一定要有的一個慣性的生活。如果你的時間多，你的禪修有個基礎，那你一天就是一個半小時兩次，禪坐久了就是會開悟。

　　所以要有恆心，要有毅力，要耐煩，對自己要耐煩。沒有恆心，喜歡變，那到最後就變不出什麼了。

祖師曾經藉由一組譬喻，讓我們更加了解四神足是如何作用的。[61]

　　一國之君，往往需要許多大臣的協助，才能夠令國家長治久安。而四神足，就像是輔佐國王的四位大臣，運用著不同的方式，幫助國王來統理國家。

　　欲神足，就像一位隨侍國王身邊的大臣，不分日夜地體察國王的希望、喜好，並且設法滿足國王的需求，因此得到國王的重用。就像是對善法、禪修有著強烈的希求時，這份希求，自然會引領我們採取實際的行動，好實現願望。

　　勤神足，則像是一位驍勇善戰的武官，其主要的任務，並不像前者那樣，日夜隨侍國王身旁，但總能在邊境發生叛亂時，英勇地平息戰亂，而同樣得到國王的重用。精進的作用，正是讓我們在面臨抉擇、挑戰或是艱困的時刻，都能帶領心去克服障礙，而可以保持在善的方向，不會退失。

　　心神足，有如憑藉著高貴的出身、優良的血統而得到重用的大臣。心性，本自清淨與具足，只要逐漸去除遮

61　參《分別論註》（PTS. Vibh-a. 305-306），相關討論可參 R.M.L. Gethin, The Buddhist Path to Awakening, pp. 90-91(2002).

蓋其上的雜質，鍛鍊深度的專注，自然而然，便能透發其光芒，而完整地發揮其潛在的能力。

觀神足，則如同足智多謀，為國王提供治國意見的大臣。因為其能夠策劃可行的政策，而為國王所倚重。在修習的道路上，始終都需要以智慧來審察、思考。經常喚起智慧，令其作用，便能夠適時地調整修習的方法，並令心充滿繼續前行的動力。

四種神足，便如此以其各自獨特的方式，推動修學的進步。共同的是，經過這些方式鍛鍊的心，是清淨無穢，柔軟，卻又有力的。神足的修學，以深度的專注，配合強大的正勤，能將心潛在的感知與種種能力，完全地開發出來。

想一想

我是否有過發心並且達到成就的經驗？我為何能夠達到目標？

二、修習神足，開發心的潛能

（一）六種證智

對於熟練的禪修者而言，依宿世的修習資糧不同，有可能開展出許多超凡的能力，也就是獲得神通。猶如過去課程中提及的，如同經過冶煉，去除雜質的金礦，能被用來製造各種精緻的飾品，去除了五蓋的心，也能夠被充分地運用，甚至發揮奧妙的能力。

心｜道｜法｜師｜語｜錄

修禪，是把真心找回來，安住在這個真心。慢慢提煉它，讓你認不出金是什麼的礦石，慢慢就沒有了。打坐，一天早上十五分鐘、半個小時、一個小時，都可以，可是不能不坐。坐了，就是淘金，能夠把礦通通淘掉，讓金慢慢地呈現。

經典中，經常以六種證智帶出這些能力，也稱為六通。分別為：

◆ 神足通：能展現種種的神通變化，如變化多身、自在地飛天遁地、行走於水上等等。

◆ 天耳通：能以清淨的天耳，聽見人界、天界或遠或近的種種聲音。

◆ 他心通：能夠了知他人的心念。

◆ 宿命通：知道自身宿世的生命樣貌。譬如在過去生中的生命，有著什麼樣的名字、長相、苦樂際遇等等。

◆ 天眼通：以清淨的天眼，看見眾生如何依著所造作的善、惡業，流轉於善趣、惡趣的輪迴中。

◆ 漏盡通：滅除一切流漏入心的煩惱，親自體證解脫的智慧，成為解脫聖者。

（二）佛陀禁止展示神變

在修習解脫教法的路途上，可能出現許多的特殊經驗或產生非凡的能力。只是，佛陀的教法並不特別強調這些部分，甚至也曾禁止比丘公然展演這些能力。

過去，在王舍城有一位富人，偶然在水邊獲得了一塊珍稀的紫檀木。得到木料之後，其思索：「我有了這麼一塊上等的木料，應該要拿來作什麼呢？」

接著，一個想法馬上在他內心生起：「世上有許多人都自稱是阿羅漢聖者，我不如用這木頭設計個試驗吧！」於是，這位富人用紫檀木做了一個木缽，並且立了高高的竹架，把缽放在竹子的頂端，並發出公告說：「若世上真有阿羅漢聖者，就讓他騰空而取走此缽吧！」

公告一出，許多外道紛紛前來此處，意圖取走這個珍貴的木缽。有的外道對富人說：「這缽就是我們的了，還是直接給我們吧！」有的則假裝要施展神通飛行，卻叫弟子在旁假意拉住他的手腳並大喊：「師父！師父！你怎麼可以為區區的一個木碗展露隱藏的神力呢？」這個師父再向富人說：「您看！我的弟子不讓我施展飛天的功夫，您不如直接把缽給我吧！」

對這些想要訛騙紫檀缽的人們，富人只一貫地說：「只有親自飛上去拿的才算數。」就這樣過了六天，紫檀作成的缽仍高立在竹竿上。

直到第七天，佛陀的弟子，目犍連尊者以及賓頭盧尊者，一同進到了王舍城，在一旁著衣準備托缽。這時，一些賭徒、醉漢來對尊者們說：「朋友！之前城中的富人立起了竹架，放上了紫檀作的缽，並且公告說：『若世上真有阿羅漢聖者，就讓他騰空而取走此缽吧！』很

多前來的師父，都假裝他們是阿羅漢，卻沒有一個真能拿走缽的。看來世上真的是沒有阿羅漢的！」

聽到這番說詞，目犍連尊者就對賓頭盧尊者說：「尊者！您聽到他們所說的了。他們所說的話，就像是在污衊佛陀的教導一樣。您有大神通，不如就由您取下這個碗來吧！」賓頭盧尊者回答：「您被尊稱為神通第一，還是您來吧！」目犍連尊者再次地說：「還是您來吧！」

最後，賓頭盧尊者不再推辭，用腳趾夾起了一塊大大的石板，展現了比取缽更大的神通，在王舍城飛行了數圈。眼見奇景，城中的居民都驚懼不已，直到賓頭盧尊者現身，人們才喧鬧地紛紛前往供養，富人更是將紫檀木缽盛滿了美好的食物來供養尊者。城中未能親眼目睹的民眾，也紛紛希望賓頭盧尊者能再次演示這樣的神通變化。

佛陀知道這件事情之後，便召喚賓頭盧尊者前來，喝斥道：「只為了區區的一個木缽，你就向在家居士們展示神通嗎？」令其將缽擊碎，並定下了未來不得任意展示神通的規定。[62]

---

62 參 Eugene Watson Burlingame (tr.), Buddhist Legends: Translated from the Original Pali Text of the Dhammapada Commentary, Part2, pp. 35-38 (1921).

會有這樣的規定，是因為佛陀明白以神通變化來弘法，經常會帶來種種過患。在不恰當的時刻顯現神通，很容易令學習者只把目光放在種種外顯、可見的神奇能力上。如此一來，修習的重點便會走偏，輕忽了修學的真正目的，是要圓滿戒、定、慧，從煩惱解脫。這樣的話，任意展示神變，對於那些對三寶有清淨信心的學習者也好，或是未具清淨信心的學習者也好，都是無法帶來利益的。

　　此外，並非所有的解脫聖者，都會獲得這些特殊的能力。若是一般人誤將這些神通變化的能力，視為聖者的判準，反而可能會對真正的解脫聖者產生輕蔑、不敬之心，而造作惡業。

　　最後，神通也不是萬能的。無論能使出怎麼樣的神通變化，都是不能抵禦業果的法則的。像是有著神通第一稱號的目犍連尊者，在殺害父母的惡業成熟時，也無法以神通逃避執杖外道的圍打。其身負重傷時，深切明白當前的處境，皆是過去造作的業成熟的結果，因此說了：「**我先作業，猶如瀑流，注在於身，非餘代受。**」[63] 因此對於這樣的遭遇，並沒有生起怨懟，不久後便入於涅槃。

63　參《根本說一切有部毘奈耶雜事》(CBETA, T24, no. 1451, p. 288, a4-5)，另可參《增壹阿含經・四意斷品》(CBETA, T02, no. 125, p. 639, b11-16)。

（三）以漏盡為目標

是以，在一切證智中，最重要的還是滅盡一切煩惱的漏盡通。

漏，指的是煩惱由外滲漏到內心當中，或者是由內向外地流洩出來。從流入的角度來看，煩惱就像液體從裂縫滲入，會不斷地從未守護好的根門流入。這就使得各種危害心的雜質，得以進入心中，染污著心。而從流出的角度來看時，內心的煩惱又能夠化為不善的身、口業表現出來。如經典中曾經提到，有些個性極為易怒的人，很容易產生憂惱。只要稍微受到一點批評，便大發雷霆、顯露明顯的敵意，並且呈現執拗、不願改變的姿態。這外顯的行為，正是從內心積累的煩惱而來。這樣的心，就像是受到嚴重感染的膿瘡，裡頭滿脹著臭穢的膿血，只要稍微受到尖銳物的戳刺，馬上就會流洩而出。[64]

漏，可以分為欲漏、有漏、無明漏三類。分別指：對於感官欲樂的貪求、對於後續生命存有的執取，以及缺乏智慧的愚癡與迷惑。這些煩惱，都是引生輪迴、障礙解脫的重大因素。

---

64 《增支部・三集・第 25 經》(CBETA, N19, no. 7, p. 180, a4-p. 181, a5 // PTS. A. 1. 124)

如果能夠根除這些引生輪迴的漏，也就是證得漏盡通了。佛陀形容，這類人的心，就如鑽石能夠切割一切堅硬之物，而能以通透無漏的智慧，面對一切順逆境界，根除一切再次輪迴的可能。

三、總結

四神足的修習，以欲、勤、心、觀作為主因，帶領心進入深度專注，並成就斷除惡法、具足善法的正勤。如此，便能夠開發出超凡的智慧，令修習者發揮心的潛力，並親自證知實相，斷除諸漏。

佛陀曾讚歎神足的潛力，自述其正是由於修習了四神足，所以能夠住世一劫。[65] 藉著四神足的修習，獲得深厚的定時，修習者便可能依其過去所累積的因緣，獲得程度不一的神通能力。

只是，當過於強調這些神奇的能力時，既會使心陷入深重的貪執之中，也容易忘記了佛陀教法的本懷。如此，儘管花費了寶貴的生命與心力，自認修習著出世間之法，卻只是使諸漏更加增長，持續沉溺於三界六道之中，不

65　《長部・第 26 經》(CBETA, N08, no. 4, p. 72, a10-13 // PTS. D. 3. 77)

可自拔，這樣實在是非常可惜的事情。隨佛修學，應以平常心看待這些能力，清楚認識其來龍去脈，進而能將鍛鍊出來的專注力與智慧，導正方向，用於斷除煩惱，滅除諸漏，直至解脫。

心｜道｜法｜師｜語｜錄

坐禪，就是做專一的事情。專一沒有弄好，什麼通都沒辦法得到。專一的事情做好了，你就多功能了——耳朵加倍、眼睛加倍、心加倍，還有預知的能力加倍。但是，不能去玩這些。最厲害的，叫漏盡通。漏盡，就是沒有煩惱、斷盡煩惱了。他不會生氣、沒有貪心、看東西淡淡的不執取；看再可恨的東西他也不會恨，再讓他迷惑的東西他也不迷失了。對這個世間，沒有任何的貪、瞋、癡，這就是證了聖果，叫作阿羅漢。漏盡通，就是一切、一切都不再煩惱。我們學佛，要學不煩惱。不學的話，煩惱很多，找你麻煩，今生解決不完，來生還要再來讓你煩惱的。

◆ 具體設定一個想要建立或增進的禪修習慣，作為目標。試著列出如何能夠利用課程中所學習到的欲、勤、心、觀四種神足，來協助達到這個目標。

◆ 承上題，試著具體以四神足協助推進修學，並且記錄實踐過程。

學習筆記 *Note*

第七章　五根與五力

學習目標

· 明瞭五根、五力的意涵及其作用。
· 明瞭如何平衡而全面地培育五根、五力。

一、根與力

三十七道品中,第四與第五組道品,是五根和五力。五根分別是:信根、精進根、念根、定根、慧根。五力則是:信力、精進力、念力、定力、慧力。

可以發現,五根與五力這兩組道品,有著共通的培育項目。儘管如此,兩者仍帶出了在解脫道上前行時,應注意的不同修行面向。這不同的面向,首先可以由「根」與「力」的意義來認識。

(一)根——統理、主宰

佛典中的「根」,與音譯詞「因陀羅」有關。這個詞語在印度的傳統中,指的是忉利天的統治者。與之相關的「根」,則可以被解釋為「統理」、「主宰」,對於完成某事,能起最主要的作用的意思。舉例來說,六根

中的眼根，之所以稱為根，便指其對於完成看的動作，起著主要的作用。

在修行的脈絡時，同樣有著應該要培育，使其成為主導、主宰的項目。這些項目，就是作為道品的五根了。信根、精進根、念根、定根、慧根這五根，各自能夠在其負責的範圍內，起了指揮、主導的作用，來完成各自要完成的任務。

這就像是一個運作良好的工作團隊，需要有優秀的主管帶領。只要各個主管各司其職，在自己負責的領域，發揮了優秀的領導功能，又能夠與其他部門良好地合作，就可以令整個團隊順利地完成任務。

當修行者的內心具有五根的時候，就像是一個受到良好的秩序、完善的法規來引導的國家，能夠井然有序地運作。[66] 因此，對於完成解脫的目標而言，令五根得到平衡與全面的發展，是不可或缺的。

（二）力——不受動搖的力量

力，指的是堅定、不動搖的力量，能夠守護、抵禦威脅與障礙。當修習者的內心，具備著五力的時候，就可以不受到相對應的煩惱動搖。五力好比是強大的軍隊，能夠守護著修習者的內心，使其不被不善的勢力侵入。

66　譬喻參 Ledi Sayadaw, The Manual of Buddhism, p. 186 (1999).

（三）河流的譬喻

五根與五力，既有著相同的修習項目，又強調了不同的修習面向。為了更清楚地說明兩者的關聯，佛陀用了東流的河水作為譬喻。[67]

就像一條由西向東流的河流，原本是一股沒有分岔的水流。當這條河流，流經河中間的沙洲的時候，水流便會分岔為兩股水流，順著沙洲的兩側流過。這之後，這兩股水流又會再匯聚為一條河流。

信、精進、念、定、慧這五項由五根、五力共有的項目，其核心的意義是相同的。就像是上、下游的河水，並未分岔為兩股水流，因此可以說五根即是五力，五力即是五根。

但是，將五根、五力運用在實際修習的時候，兩者又會起著不同的作用。這就像在譬喻中由沙洲分隔的兩股水流一樣。以念根與念力為例：當在培育正念時，確實會需要念的清楚現前，令念起著掌管、主導的作用，才能使修習進步。這時，這種足夠強大的念，就好比一股水流，成為「念根」，帶領修習者積極地前行，取得進步。另外一股水流，便譬喻著念力。此時的念力，則起到守

67　《相應部·第48相應·第43經》(CBETA, N18, no. 6, p. 38, a13-p. 39, a13 // PTS. S. 5. 219-220)

護的作用，守護著心，令心不會被失念、放逸等煩惱給侵入或動搖。

二、五根與五力

（一）信根與信力

五根、五力皆以信為首。信，對於修學解脫而言，確實猶如地基，具有重要的意義。

經典中，經常將煩惱譬喻為暴流，如洪水吞噬、淹沒眾生，能令眾生於生死輪迴之中隨流飄盪，不得自主。那麼，應該要怎麼渡過暴流呢？經中說：「**信能度諸流。**」[68] 信，是對於三寶、業果的法則，有著堅固的信心。這樣的信，能夠淨化眾生的內心，使其度越煩惱與生死。

祖師曾用了兩個譬喻，來說明信能夠給予的助益。

首先，是一則渡過湍急河水的譬喻。[69] 當河水暴漲時，有一群想要過河的人們，聚集在岸邊，卻被洶湧的水勢所震懾，不敢渡河。這時，有一名強壯、有力的勇士，深知自己具備的能力，勇敢地躍入了河中，並成功渡過了河水。

68　參《雜阿含經·第 603 經》：「信能度諸流，不放逸度海，精進能除苦，智慧得清淨。」(CBETA, T02, no. 99, p. 161, a29-b2) 此偈頌為佛陀回答天人的提問時所言。

69　《彌蘭王問經》(CBETA, N63, no. 31, p. 57, a6-p. 58, a8 // PTS. Mil. 51-52)

由於見得真有人能成功，佇足岸邊的人們便得到了鼓舞，不再躊躇。紛紛跟隨其腳步，開始嘗試渡過湍急的河流。

這渡河的勇士，便有如斷除了煩惱的聖者。其以身作則，示現清淨的生命樣貌，令受困生死中的凡夫看見解脫的可能。因此，信能夠起到激勵的作用，令人勇敢朝著困難前進，而具有躍入的特性。

心｜道｜法｜師｜語｜錄

法就是個信，信開始產生力量、產生實踐，沒有信就沒有辦法實踐，沒辦法產生力量。

信，也具有淨化的作用，能夠澄淨內心，去除五蓋，而被譬喻為轉輪聖王的寶珠。[70] 這顆寶珠，能夠澄清河水中的泥沙、雜質，令混濁的河水成為可以飲用的水。

無論是信根或信力，都不可能透過盲信而強大，而是要藉由親身體驗，才得以穩固的。所以，如果對教法產生了疑惑、不確定時，可以多回到聞、思、修的基本功：

70　《彌蘭王問經》(CBETA, N63, no. 31, p. 56, a4-p. 57, a5 // PTS. Mil. 50-51)

盡可能地親近善知識、聽聞正法，隨著佛陀的教導來思惟，多加注意事物無常、苦、無我的面向，再扎實、有次第地修持教法，才能切身體會到煩惱的過患，以及善法帶來的安樂。

透過如此的修學，能令信心不斷清淨。終究，能夠成就「四不壞淨」──深信佛陀已圓滿了諸多功德，成為聖者；深信其宣說的教法能夠領至離苦；深信有僧伽、聖者，已依教奉行完成了解脫的目標；深刻明白佛陀制戒的意義，並且能以持守淨戒來守護身心。這樣的不壞淨信，是預流聖者的成就之一，也是在培養信根、信力時的一個標竿、標準。

> 入流者成就四法，謂於佛不壞淨、於法不壞淨、
> 於僧不壞淨、聖戒成就。[71]

信在作為信根時，能夠帶領心去成就「勝解」，也就是由確信而具有的強大決心或承諾。這樣的決心，能讓修習者遠離延宕、拖延，不會有任何猶豫、遲疑，能全然地將身心投注於修習當中。

信力，則能保護心不被無信、不信給動搖。有了這份守護，無論是面對怎樣的質疑、挑戰或是誘惑，修習者都不會輕易地放棄三寶，不會從修行的道路當中退轉。那麼，失去信心的情況，是不會出現在生命當中的。

---

71 《雜阿含經‧第 843 經》(CBETA, T02, no. 99, p. 215, b27-28)

想一想

我的學佛過程中，有破除疑惑、增長信心的經驗嗎？

（二）其餘四組根與力

1. 精進根與精進力

由信所帶來的決心、動力，能直接地啟動修習者的精進、努力。精進根與精進力，可以透過四正勤來實踐與作為標準。

當精進作為根時，能夠策勵修習者，令其勤奮，持續地努力投身於教法當中；作為精進力時，則特別能夠抵禦懈怠，使心不會被其影響或動搖。

2. 念根與念力

不斷地在善法上付出努力，便有助於鍛鍊出正念。當念作為念根時，能令覺知現前，以帶出清楚、明白的覺知，觀照當下的身心狀態以及憶念正法；作為念力時，則能避免心受到放逸，也就是失去正念的影響。因此在每個當下，都不會忘失覺知，或忘失應實踐的教法。

念根、念力，可以透過四念住的修習狀況來檢視，與作為進一步培養的方法。如果希望得到念根、念力帶來的利益，就要更加努力地在一切的處境當中，鞏固這個念，安住於念住的修習。

3. 定根與定力

正念相續不斷時，行者便易於獲得定。得定的心，能夠平衡且穩定地保持覺知，這就有如於無風處，穩定燃燒著的燈火，不會閃閃爍爍，或是晃動不已。

定作為定根時，能起到不散亂的作用，得以令心專注、攝於一處；作為定力時，則能使心不受到掉舉的影響，不會陷入浮動不安、妄念紛飛的狀態。定根與定力，可以透過正確的禪修方式來培養，並以四種禪那作為其標準。

4. 慧根與慧力

入定的心，適於令如實了知的智慧生起。智慧，猶如光照，能夠破除無明、煩惱，並且斬斷生死輪迴的流轉。五根與五力的培育，既是以獲得這份智慧為主軸，也都是需要智慧的支持、引領，方得以完滿的。在經中，以房子屋頂上的棟木來譬喻智慧：

此五根，一切皆為慧根所攝受。譬如堂閣衆材，
棟為其首，皆依於棟，以攝持故。如是五根，
慧為其首，以攝持故。[72]

木造房屋中，「棟」指的是位於屋頂上最高的地方，最為主要、重要的樑木，這與智慧的地位是相等的。而棟木能夠令其餘的樑木依靠其上，得到支撐，這也就像是必須要有智慧，才能夠令其餘的精進、念、定，得到穩固、圓滿的發展。

圓滿的慧根與慧力，即是如實證知四聖諦的智慧。一旦行者能夠生起這樣的智慧，便不會再對三寶有任何的遲疑、猶豫了。作為根時，慧根能主導「照見」，也就是去如實觀照身心的實相，將心導向了知一切現象的無常、苦、無我；作為力時，慧力能守護修習者不為無明所動搖、危害，不會再做出根源於愚癡的惡業。

根與力	標準	作為「根」能做到	作為「力」能抵禦
信	四不壞淨	勝解	無信、不信
精進	四正勤	策勵	懈怠
念	四念住	（覺知）現前	放逸
定	四禪	不散亂	掉舉
慧	四聖諦	照見	無明

---

72 《雜阿含經‧第 654 經》(CBETA, T02, no. 99, p. 183, b20-23)

三、根與力的平衡

學習五根、五力這兩組道品，除了能夠掌握信、精進、念、定、慧這些必備的修習項目以外，也能學習到如何令修行得到均衡、不偏廢的發展。

在五根、五力當中，信與慧兩者作為一組，應當被均衡地培育；精進和定兩者，亦必須要被均衡地培育。居中的念，則負責監督、檢視以上兩組的根與力，是否有好好地被平衡培育了，因此是在各種處境底下都需要去積極增強的。

（一）信與慧的平衡

當修習者過度強調信，而忽略慧時，就容易落入「盲信」的狀況。聽到什麼都相信，就容易受騙、上當。即使是值遇正法，也會無法以智慧精準地把握法，漏失了本來能夠得到的利益。

過去，佛陀的弟子中有一位名為跋迦梨的尊者。在出家前，他是一位婆羅門。某一時，他在舍衛城中見到了前來托缽的佛陀，立刻被佛陀的外表給深深吸引。跋迦梨心想：「如果能夠常常見到佛陀就好了！」為了親近佛陀，跋迦梨就選擇了出家，加入僧團。

這之後，跋迦梨經常尋找機會接近佛陀。他經常處在能夠見到佛陀的地方，只為了瞻仰佛陀。只是，跋迦梨

整日只顧著欣賞佛陀的外貌，居然連應背誦的功課、禪修練習都給荒廢掉了。

起初，佛陀明白這位弟子智慧成熟的時候還未到，很長一段時間都沒有特別地表達什麼。直到有一天因緣成熟時，佛陀才教誡他：「跋迦梨啊，你這樣地看著由種種不淨組成的這個色身，對你有什麼益處呢？凡是見法者，即是見我；而凡是見我者，即是見法。」[73]

佛陀這樣的教誡，強調了佛法的學習，重點應當放在對教法的領會與體認，而不是一味地崇拜、執著佛陀的形象。當忽略了慧的培養，就可能會妨礙修學的進步。

心｜道｜法｜師｜語｜錄

——◆——

學佛，是智慧的學習。它不是迷信。迷信，就是覺得我們只要信就好了。信就好呢，就不知道怎麼做。不知道怎麼做，就不知道怎麼成就。不學習，就沒有辦法成圓滿的智慧，就沒有辦法成就最美好的生活、生命。

73　參《長老偈・第 350-354 偈》(CBETA , N28, no. 15, p. 136, a1-5 // PTS. Th 39) 及其注釋 (PTS. Th-a. 146-148)；另參《法句經・第 381 偈》(CBETA, B07, no. 17, p. 76, a15 // PTS. Dhp. 54) 及其注釋 (PTS. Dhp-a. 4. 117)。

但是，若是只注重培育慧，卻忽略了信的重要，也無法成就道業。《清淨道論》中指出，當只強調慧而忽略了信的時候，修習者容易落入虛偽、奸巧的狀況。[74]

比方說，有些修習者由於忽視了信的培養，便生起了鑽營取巧的小聰明。內心出現了這樣的想法：「佛陀教導，隨喜他人的善行，有很大的功德。這樣說來，只要別人在布施的時候，我在旁邊隨喜就好，根本不用實際布施嘛！」這種狀況，就像是不只是沒能服下治病的法藥，還誤服了毒藥，陷入了更嚴重、難以治療的狀況當中。因此，對於五根、五力而言，都不應只是偏重於慧，而輕忽信的培養。

心｜道｜法｜師｜語｜錄

不重法，你就會戲論，一戲論，覺受就沒有了。所以，學佛，重法最重要。尊重法，是不要對法起慢心，起慢心的時候，你就不在法上，那不會有覺受。所以不要說學這些法沒有什麼，要有好的覺受，就是信、解，然後行、證。信法、解法，解就是理解清楚，然後去實踐這個法，覺受這個法，達到不生不滅的體悟。

74　參《清淨道論・説地遍品》(PTS. Vism. 129-130)。

所以我們的學習裡面，不要好玩、戲論，那會造成你對法沒有那份誠信——虔誠跟信仰。什麼都可以玩，就是法不能玩，這會傷害自己的。法是一個明白、清楚的道路，一旦做了障礙，你會很難去除法上的障礙，不知道要懺多久、要做多少功德，才會懺除那種業，所以希望大家重法。

（二）精進與定的平衡

另外一組同樣應均衡培育的項目，即是精進與定。當修習者過於強調精進，不斷地想要完成各種修習，卻忽略定的時候，很容易令心念浮動不安，產生掉舉的狀況。

相對的，如果是忽視了精進的重要，落入另外一個極端，則容易產生懈怠的問題。當定的培養缺乏了精進來作為支持時，修習者將不會想再專注於什麼，而容易變得遲鈍，順從於懶散、昏沉了。這樣的話，同樣無法使心維持深度的專注。

這樣的道理，佛陀曾以彈琴作為譬喻，來教導二十億耳尊者。[75]

---

75 參考《增支部・六集・第 55 經》(CBETA, N22, no. 7, p. 108, a12-p. 110, a7 // PTS. A. 3. 374-376) 以及《雜阿含經・第 254 經》(CBETA, T02, no. 99, p. 62, b22-p. 63, b18)

二十億耳尊者在尚未出家前，是一位大富豪的兒子。出家後的二十億耳，非常精進，經常修習種種的道品。某段期間，他選擇了在墳塚間日夜經行，作為用功的方法。卻因為太過努力，經行到磨破了腳。傷口流出的血，使得經行的路上都變得血跡斑斑。

儘管這位尊者這麼地精進努力，卻一直沒有辦法突破生死輪迴。這令二十億耳十分灰心，心想：「在世尊的眾弟子裡，我可以算是極為精進的了。只是，我卻一直無法解脫生死，無法證得漏盡、解脫。這樣，還不如還俗，好好利用家裡眾多的財寶，來廣修福德罷了！」

佛陀知道了他這樣的想法，決定來善巧地教導尊者，如何均衡地培育精進與定。佛陀知道二十億耳過去仍是在家居士時，擅於演奏樂器，便來到其修行處，對二十億耳尊者說：「二十億耳！你未出家時，是否懂得彈琴呢？」

「是的，世尊。」

「那麼，當你彈琴時，如果琴弦繃得太緊，琴的音色會好聽嗎？」

「不好聽，世尊。」

「那麼如果琴弦調得太鬆，琴的音色會好聽嗎？」

「也不好聽，世尊。」

「那麼，如果將琴弦鬆緊調整適當，既不緊繃，也不過於鬆弛，音色又會如何呢？」

「這樣就好聽了，世尊！」

「對！修行也是同樣的道理，當過於精進時，很容易導致掉舉；精進不足，則會產生懈怠。兩者都無法導向成就，所以應該避免。你應以平衡的精進修行，並且達到諸根的平衡發展，以這樣的方式來禪修，就容易有所成就了。」

二十億耳尊者聽了佛陀的教導後，重新拾起對修行的信心。此後，其將佛陀所教示的譬喻謹記在心，用著平衡的五根，來繼續禪修。不久後，便成就了解脫生死的阿羅漢果位了。

四、總結

五根、五力，是貫徹佛陀教導的解脫修學中，兩組重要的道品。信、精進、念、定、慧這些項目在作為根時，強調的是主宰、主導心的作用。作為力的時候，則使心不會受到種種相關的煩惱的動搖。

當五根、五力缺乏了任何一部分，都會影響到修學的進步。由於有了信，修習者才可能勇敢地躍入修習解脫的生活；有了精進，才有切實的行動，固守於良善的抉擇；

有了正念的提起，才能令清楚明白的心念現前；有了定，才有足夠的專注及心態品質；有了智慧的培育，才有可能如實知見現象的真實樣貌。

五根、五力，也是令修學平衡、穩健的教導。以念居中監督，令信與慧得到均衡的發展，便能避免了盲信或奸巧；令精進與定得到均衡的發展，則能避免掉舉與懈怠。經常地用這兩組道品來檢視自身的修學方向，保持平衡，就能穩健地令禪法得到進步。

學｜習｜體｜驗

◆ 信、精進、念、定、慧，哪一項我做得比較好？

◆ 在五根、五力當中，我是否有較為忽略的部分，是需要再加強的？

第八章　七覺支

‧認識七覺支的內涵及修習利益。
‧明白七覺支如何能用於調節不同的心力狀況。

一、覺悟的要素

　　繼五根、五力之後，便到了七覺支這組道品。「覺」
也作菩提，是覺悟的意思；「支」指事物組成的要素
或部分。因此，七覺支便是七項「覺悟的要素」，是
為了覺悟必備的修習成分，也稱為七覺分、七菩提分
等等。

　　七覺支這組教導，是由佛陀親證而宣說的實修教導。
除了能夠獨立作為一組道品，揭露禪修的進程，也出現在
四念住的法念住當中，是應如實覺知、觀照的對象之一。
如前所述，七覺支分別為：念覺支、擇法覺支、精進覺支、
喜覺支、輕安覺支、定覺支、捨覺支。個別覺支的簡要
涵義如下：

七覺支	涵義
念覺支	建立穩固的正念。
擇法覺支	以智慧對身心現象如實探究、審查。
精進覺支	穩固、持續、有力量地保持觀察。
喜覺支	體驗非世俗的喜悅，對修行生起好樂。
輕安覺支	身心的輕盈、安定、寧靜。
定覺支	心穩定地攝於一處，不動搖。
捨覺支	保持平衡、平等地觀看。

二、覺支的功德利益

（一）由聖者帶來的教導

經典中，曾將七覺支與轉輪聖王所擁有的七種寶物並列，帶出了七覺支這組教導的稀有難得。

相傳，具有深厚德行、能統理四大部洲的轉輪聖王出現的時候，世間會有七種協助他治理世間的寶物，作為吉祥的預兆出現；而當佛陀出現於世時，則同樣會有稀有珍貴、用以教導眾生的七覺支出現在世間：

轉輪聖王出世之時，有七寶現於世間，金輪寶、象寶、馬寶、神珠寶、玉女寶、主藏臣寶、主

兵臣寶。如是，如來出世，亦有七覺分寶現……
如來出興於世，有七覺分現於世間，所謂念覺
分、擇法覺分、精進覺分、喜覺分、猗覺分、
定覺分、捨覺分。[76]

七覺支的教法，與禪法修學的實際進展，是有著密切
的關聯的。因此，是未曾走過這條道路者，無法深入地
全面教導的。[77] 與諸多道品相同，七覺支是由佛陀親自證
知的教法，能帶領修習者獲得解脫的智慧，遠離輪迴之
苦，得到出世間的安樂，是佛陀帶給世間的珍貴法寶。

（二）療癒疾病

經典中，也有著佛陀以七覺支的教法，療癒了疾病的
案例：[78]

大迦葉與目犍連兩位尊者，都曾經聆聽著佛陀對七覺
支的教導，回顧自身過去曾經修習的七覺支，內心欣喜，
並生起了清淨的信心、強大的正念等善法。這些善的心
念，影響了身體的色法，使兩人得到療癒，從疾病中康
復。而在佛陀面對自身的疾病時，也曾令弟子在旁誦念
七覺支的教法，使其色身從疾病中康復。

---

76 經文中的「猗」音「依」，即「輕安」。《雜阿含經・第 721 經》(CBETA, T02, no. 99, p. 194, a6-21)。

77 《雜阿含經・第 713 經》(CBETA, T02, no. 99, p. 191, a17-c14)

78 《相應部・第 46 相應・第 14-16 經》(CBETA, N17, no. 6, p. 236, a9-p. 238, a11 // PTS. S. 5. 79-81)

（三）對治五蓋

修道路上，有著極為頑強的五種蓋障：貪欲蓋、瞋恚蓋、昏眠蓋、掉悔蓋以及疑蓋。猶如遮蔽陽光的大樹，能令小樹難以成長，[79] 這五蓋，能夠遮蔽善法、禪定以及智慧，令其無法增長。若能夠應用七覺支的教導來實踐禪法，則能夠直接地對治這五種蓋障。

有一次，有一位無畏王子，從遙遠的地方走來詢問佛陀：「我聽一些沙門老師說：『眾生的生命，是充滿煩惱還是清淨，都是無因無緣，自然就是這樣的。』世尊，您怎麼看待這一類的說法呢？」

佛陀回答：「其實，眾生的生命，無論是煩惱還是清淨的，都是有因有緣的。」

佛陀告訴他，是五種蓋障，讓眾生的生命充滿煩惱、沒有智慧。當眾生內心的貪欲不斷增長，就會總想著怎麼得到他人的財物、用具，想著這些東西要是能為我所用該多好；而當內心的瞋恚不斷增長，就會對他人懷恨在心、想要用種種手段去傷害他人；昏眠增長，就貪求睡眠，懈怠而不知道要努力；掉悔增長，內心就沒辦法得到平靜；疑惑增長，就對於三世的生命真相沒辦法清楚。以這些蓋作為因緣，能使眾生的生命陷入無盡的煩惱。

79　《雜阿含經・第 708 經》(CBETA, T02, no. 99, p. 190, a18-28)

無畏王子非常同意地說：「光是一種蓋障，就足夠讓心陷入煩惱了，更何況是這一切的蓋障呢！」他接著問：「那是什麼樣的因緣，能讓眾生清淨呢？」

　　佛陀的回答，就是培育七覺支。以念覺支為首，一路地逐漸圓滿擇法覺支、精進覺支、喜覺支、輕安覺支、定覺支，到最後的捨覺支。這是眾生的生命，能夠得到清淨的因緣。

　　七覺支，是清淨生命與獲得智慧的直接因緣。過去、現在、未來三世的覺悟者，皆是透過斷除五蓋，精熟於七覺支的修習而得到證悟的。[80] 為了對治這修道路上的障礙，就要透過適合的禪法，培育出七覺支，令生命不再被煩惱遮蔽，由此看清楚生命應前往的方向。如經言：

> 貪欲、瞋恚蓋，睡眠、掉悔、疑，
> 如此五種蓋，增長諸煩惱。
> 此五覆世間，深著難可度，
> 障蔽於眾生，令不見正道。
> 若得七覺支，則能為照明。[81]

80　《雜阿含經・第 498 經》(CBETA, T02, no. 99, p. 131, a20-23)

81　《雜阿含經・第 707 經》(CBETA, T02, no. 99, p. 189, c26-p. 190, a2)

三、七覺支的開展

（一）念覺支

七覺支的修習，以念覺支為首，也就是以練習建立穩
固的正念開始，如實地覺察當下的身心現象。實際培育正
念的方式，仍舊不離四念住等禪法。譬如：行者能透過修
習身念住中的安那般那念，來培養清明的念，藉此具足念
覺支，並且推動七覺支的進展，圓滿智慧與解脫：

> 安那般那念多修習已，能令四念處滿足；
>
> 四念處滿足已，七覺分滿足；
>
> 七覺分滿足已，明、解脫滿足。[82]

未具備穩固的念時，覺知經常會被各種外境給牽引，
就像是河面上的空葫蘆，隨波逐流地漂浮在水面上一樣。

82　《雜阿含經·第 810 經》(CBETA, T02, no. 99, p. 208, a19-22)

但當念覺支被建立起來的時候，心念就不會再漂浮不定，而是能夠像石頭穩定地沉在水裡一般，不再隨境界四處飄盪。如此，就不會漏失要觀照的目標，而能直接地觀察到身心現象的生、滅變化。

心｜道｜法｜師｜語｜錄

念頭跑了叫生滅心、無常心，叫雜亂心，叫做妄念、虛妄的心。這個心會怎麼樣？不是很好玩，就是沒有根的一個漂浮。所以你會沒有安全感，你不曉得你在哪裡。當你知覺你的呼吸的時候，你就知道你在哪裡，不要讓自己不知道自己在哪裡，就是要在出入息上自自然然的、輕輕鬆鬆的，讓自己快樂在出入息。

（二）擇法覺支

具備念覺支時，將能促使擇法覺支生起。擇法，意指能夠以智慧對身心現象如實地探究、審查。也就是能夠去揀擇、抉擇諸法真實的樣貌。

具足著正念來觀察身心現象時，能夠清晰地去探究、審查到五蘊身心各自的特性或特徵。舉例來說：就此色身而言，行者將能夠清楚地辨別種種色法，是由四界所組成的。其既具有著地界的堅硬、柔軟等特性；也有水界的濕潤、黏結；火界呈現的冷、熱；以及風界代表的移動、氣息的流動等特性。同樣地，對於感受、心識等名法，行者也能夠如實地辨別、了知。

除了能夠清晰地辨別名法與色法各自的特性、特徵，具足擇法覺支，也意味著修習者能夠深入地以智慧來探究、審察這些身心現象共通的無常、苦、無我。這種深刻的探究，超越了表層的、理智上的認知，而成為了親自對於身心實相的洞察。

這種洞見，使得修習者能以直接體驗的方式，來分辨善法與不善法，以及哪些事情是有益的，哪些又是無益的。這時，因為有了擇法覺支的生起，行者的內心將不會再有猶豫、疑惑存在的空間。

（三）精進覺支

擇法帶來的洞見、體會，能令修習者明辨善法、不善法，並對禪法生起強大的熱忱與決心，也就是產生精進。修習禪法的路上，不會總是一帆風順。當進展不順利、

遲緩的時候，往往令人想要半途而廢。但具有精進的時候，就能夠令修習者穩固、持續、有力量地保持觀察。這是能夠克服修行路上的懶惰、誘惑或身心辛苦所必備的覺悟要素。

在實際的禪法修習中，如果有著平衡的精進，在煩惱、妄想生起時，心就不會被其牽引而忘失觀照，因此可以一再地回到禪法的目標上。這個過程，能夠令正念不斷地生起，內心因此能夠逐漸擺脫不善法，並且令已經生起的善法不斷地增長、圓滿。

（四）喜覺支

持續精進於禪法的修習時，禪修者將能經驗到禪修帶來的喜悅。這份喜悅，即是喜覺支，是超乎一般感官欲樂，非世俗的快樂。

當心對準目標，持續觀照的時候，喜覺支將會自然地出現，令修習者感到極為深刻的喜悅。這樣的喜悅，不是在世俗生活中追求五欲能夠獲得的。透過禪修而來的喜悅，起初可能只是微弱、短暫的，但也能夠逐漸變得強烈，甚至遍滿全身的每個部位。[83]

這些喜悅，雖非修習的主要目的，也將在修習進展深入時逐漸退去，但仍是修道的重要助緣。透過禪修，而

---

83 《清淨道論·說地遍品》(PTS. Vism. 143-144) 中，以五種程度不同的喜來解說。分別為：小喜、剎那喜、繼起喜、踴躍喜、遍滿喜。

使這種喜悅出現時，能使修學者體會到：在世俗生活的感官欲樂之外，確實有著離欲的清淨之樂。因此，能夠對修行更加好樂，並且具有信心。

應注意的是，儘管這類非世俗的經驗確實很殊勝，但這些喜悅並非修習的終點。當經驗到這一類喜悅時，僅需明白，這些只是修學中一定會經過的過程。如同法念住中，隨觀七覺支的教導，在喜覺支生起時，修習者僅需繼續保持如實覺知即可。

心｜道｜法｜師｜語｜錄

坐禪的時候呢，坐得很好，我們的心、我們的生命就會非常地喜悅，任何時間我們都喜悅的。喜悅是從我們的心理、生理同時發出來，看到一切都是希望與愛。

（五）輕安覺支

隨著禪修繼續進展，前述的非世俗的喜悅，也是會逐漸平息、退去的。此時，內心將不再有任何的掉舉、後悔，也就是遠離了種種微細的躁動，進入更為深層的平靜狀態，也就是輕安覺支的出現。這時，身心是處於一種極為輕盈、安定、寧靜的狀態。[84]

84　如《一切經音義》(CBETA, T54, no. 2128, p. 439, b16) 曾以「身心輕美安和」解釋「輕安」（猗）。

具有輕安覺支時，修習者的身心相當地寧靜、安定，這使得修習者可以很容易地保持在禪法的修習當中。不會因為長時間的禪修，而感到不耐或是浮躁不安。

心｜道｜法｜師｜語｜錄

打坐就是一個耐煩、耐心、恆心，有了這份的恆心就會成功。打坐是一個很快樂的事情，為什麼我們要打坐呢？就是因為真的快樂。為什麼會快樂呢？因為我們攝心在沒有煩惱的地方，我們攝心在觀照一切煩惱的不可得。

在這裡面，我們越觀照心越輕鬆、越觀照心越舒適。不是像我們在生活中，看孩子的好壞、看別人的好壞，還有事業的成敗、好好壞壞。我們總是在看別人的不是，大概都是為別人活，從來沒有為自己活過。

所以，我們要靜靜地觀看，攝心在觀無常裡面、觀寂靜裡面，那麼你就會獲得很輕鬆、很愉快的一份輕安。

（六）定覺支

具備輕安時，內心便遠離了一切雜亂、散亂的念頭。持續地保持覺知，就能帶領心進入極度的專注，令定覺支生起。具備定覺支時，心能夠穩定地攝於一處，不動搖地集中在目標上。在這種情況下，觀照將變得極為穩固、有力。

（七）捨覺支

定覺支的發展，能進一步促生捨覺支，使心在專注當中保持平衡、平等地觀看。修習者在此時，內心具有的五根既強大，又達到了絕佳的平衡。信根與慧根、精進根與定根，都在強大的念根的監督底下，沒有出現不足或是過強的情況。因此，修習者能夠很輕鬆地保持著清晰的觀照，正念相續地生起，而不會漏失觀照任何的現象。

這樣的狀態，被譬喻為一位善於駕車的馬車駕駛，已經將拉車的馬隻們，調伏到速度一致了。這時，駕駛只要放鬆地坐在車上，看著路邊的景色不斷流過，不必再去操縱馬車，就能夠保持平穩地前進。

具備捨覺支時，無論修習者體驗到順境、逆境，生起苦受或樂受，都能保持平衡、穩定地觀照。任何境界、身心現象現前時，都只是保持平等地觀看，並在這樣穩定、平等的觀照當中，令智慧不斷提升、增長。

四、依不同的心力狀況修習覺支

要能自如地運用覺支，唯有精勤修習，不斷熟練一途。如舍利弗尊者便曾自述，他能自如地令任意的覺支生起或住立，就像是擁有許多衣裝的國王或大臣，能隨意地從衣櫃中選取衣服，來配合早上、中午、傍晚等不同場合的需要一樣輕鬆。[85]

能熟練培育覺支的方法，就能因應當下不同的心力狀況，修習不同的覺支，令失去平衡的心，回歸平穩的運作。[86]

首先，在心力較為低劣、退縮、遲鈍、怠惰的時候，可以多修習擇法、精進、喜這三項覺支。這三項覺支，都有著鼓舞心的特性，能令心重新振作，繼續勇猛地保持在修習的軌道上。

這就像是在生火的時候，如果要使微弱的小火增旺，便可以藉由投入乾燥的草、糞、柴薪等等助燃的燃料，並配合搧風、吹氣等助長火勢的方式，來令火勢變大。

85　《雜阿含經・第 718 經》(CBETA, T02, no. 99, p. 193, b14-27)

86　參《相應部・第 46 相應・第 53 經》(CBETA, N17, no. 6, p. 277, a7-p. 280, a6 // PTS. S. 5. 112-115)

而當心落入掉舉、浮動不安的時候，則可透過輕安覺支、定覺支、捨覺支的修習來穩定、控制。這些覺支，都有調伏浮動、飄散的心的作用。這就像是要讓正在熊熊燃燒、失去控制的火焰轉弱，則應該轉而投入潮濕的草、糞、柴薪，並藉由對其撒水、以土覆蓋等等方式，才能減弱火勢。

　　不論心力是處於低劣或是散亂的情況，念覺支都是必要的。想要策勵心時，需要有念帶來覺知與守護；要令浮動、漂浮的心念收攝、穩定，也同樣得依靠念的如實覺知。因此經典中提到：「**念覺分者，一切兼助。**」[87] 就是強調了念覺支在各種的狀況下都是必要的。

五、輔助覺支生起的條件

　　如果我們目前還無法自如地運用覺支時，該怎麼辦呢？這時，可以藉著種種輔助覺支生起的條件，來培育覺支。[88]

87　《雜阿含經・第 714 經》(CBETA, T02, no. 99, p. 192, a22-23)

88　參《念住經》注釋書 (PTS. Ps. 1. 289-300) 與 Soma Thera, The Way of Mindfulness - The Satipaṭṭhāna Sutta and Its Commentary, pp. 151-167(2010)。

七覺支	涵義
念覺支	(1) 鍛鍊正念與正知。 (2) 遠離缺乏正念者。 (3) 親近具有正念者。 (4) 時時令心趨向正念的培養。
擇法覺支	(1) 多針對法教請益。 (2) 保持身體和環境的清潔。 (3) 使五根平衡。 (4) 遠離無智者。 (5) 親近有智者。 (6) 深入地思惟五蘊、十二處等教法。 (7) 時時令心趨向擇法的培養。
精進覺支	(1) 思惟種種惡趣之苦。 (2) 思惟精進的利益。 (3) 思惟修道之路的崇高不得放逸。 (4) 敬重所受用的布施。 (5) 思惟自己是佛陀遺產的繼承者。 (6) 思惟導師佛陀的尊貴，無愧於老師的教導。 (7) 思惟自己的崇高種姓。 (8) 思惟修行的同伴的尊貴。 (9) 遠離懈怠者。 (10) 親近精進者。 (11) 時時令心趨向精進的培養。
喜覺支	(1) 憶念佛陀的功德。 (2) 憶念法的功德。 (3) 憶念僧的功德。 (4) 憶念自身持守良好的戒行。 (5) 憶念自身曾作過的布施。 (6) 憶念諸天眾生具備種種美德而得生天界。

喜覺支	（7）憶念一切煩惱止息的狀態。 （8）遠離無信的粗惡者。 （9）親近具信而有修養者。 （10）思惟、讀誦親近的經典。 （11）時時令心趣向喜的培養。
輕安覺支	（1）適當地選擇食物。 （2）選擇適當的氣候環境。 （3）採取適當的姿勢。 （4）平衡、適度地努力。 （5）遠離躁動的粗惡者。 （6）親近調柔的清淨者。 （7）時時令心趣向輕安的培養。
定覺支	（1）保持身體和環境的清潔。 （2）使五根平衡。 （3）善巧運用止禪的禪相。 （4）鼓舞、激勵低劣的心。 （5）平息興奮、浮動不安的心。 （6）當內心怯弱、枯萎時，使心愉悅。 （7）心力平衡時，就平穩繼續修習。 （8）遠離無定的人。 （9）親近有定的人。 （10）憶念過去得定的經驗。 （11）時時令心趣向禪定的培養。
捨覺支	（1）以平等態度對待眾生，思惟其皆是所造業果的聚合而已。 （2）以平等的態度對待一切事物。 （3）遠離執著強烈者。 （4）親近少有執著傾向者。 （5）時時令心趣向捨的培養。

六、總結

七覺支這組道品，教導了獲致覺悟的七項要素，是由佛陀親證而帶出的珍貴法教。配合適當的禪法修習時，覺支既能具有療癒身體疾病的潛力，更是能直接對治覆蓋內心光明的五種蓋障的法藥。

由念覺支一路到捨覺支，帶出了一位禪修者在修習禪法時，會體驗到的重要進程。因此，學習七覺支的教法，能夠預先將前進的方向看清楚，並更加瞭解如何去走這條禪法的修習道路。為了更容易培育這些覺支，祖師們也針對每一項覺支留下了輔助生起的方法，可供我們加強修習。

隨著對覺支的培育逐漸熟悉，行者將能夠運用不同屬性的覺支，來調伏低劣或浮動不安的心力狀況。終究，能夠以覺支擊退煩惱，達到如經中所形容的：「**波於諸覺支，正心而修習。遠離諸固執，樂捨諸愛著，漏盡而光耀，此世證涅槃。**」[89] 精熟地在心中培育這些覺支，徹底捨棄執取、渴愛，導向漏盡，並顯現心的光明，體證無苦的涅槃。

89　《法句經・第 89 偈》(CBETA, B07, no. 17, p. 48, a8 // PTS. Dhp. 13)

心│道│法│師│語│錄

佛法是會給你怎麼做的方向，會讓你安定的，也會讓你帶領別人走向安定的道路。尤其是禪修：自己調整自己的定位，慢慢地從物質的這種不定、無常性，回到靈性的永恆跟不變。

我們現在要坐禪，就是找到心。找到心，就找到那個鑰匙，打開宇宙的核心的價值跟定位，都在這個心上。我們不禪修，我們是渾沌的時間多、物欲的時間多。然後我們就沒有辦法回到心、找到心，這個叫做我們自己的亂象。怎麼讓亂象沒有呢？就是找到心、回到心，安住在這個心。

學│習│體│驗

◆ 試著以自己的話，說明七覺支各支的內涵。

◆ 學習了這一單元之後，我可以如何令自己在禪修上更加進步？

第九章　八正道與阿含期總結

· 連結八正道與眾道品，並貫徹八正道的修學。
· 清楚掌握阿含期的學習內涵，並銜接後續各期的學習。

一、道品與八正道

八正道，是三十七道品中的最後一組道品。這組由正見、正思惟、正語、正業、正命、正精進、正念、正定緊密互攝而成的道品，正是佛陀在人間初次說法時，關於道諦的教導。

八正道這組道品，具備著戒、定、慧三學的實修引導，也貫穿了世間、出世間不同層次的修學，是一組兼具了廣度與深度的修學指引。既能令學習者逐漸轉化、提昇身、語、意業的品質，也能實際地斬斷違犯、纏縛、隨眠三種層次的煩惱。為轉凡成聖，斷除苦及苦因，提供了完整、可實際操作的方法。

三學	八正道	意涵	應修習的內容	對治
慧學	正見	正確觀察的智慧	培育業果等世間正見；於身心觀照四聖諦等實相，徹底根除無明。	隨眠煩惱
	正思惟	正確的思惟、意向	令內心的思惟、念頭，不與貪欲、瞋恚、傷害他人的心相應；於禪修時，將心正確導向要觀照的目標。	
戒學	正語	使用正確的語言、文字	當有機會造作妄語、兩舌、惡口、綺語等口惡業時，不以這些方式使用語言、文字。	違犯煩惱
	正業	正確的行為	當有機會進行殺生、偷盜、邪淫等身惡業時，不去實行這些惡的行為。	
	正命	正確的活命之道	謀取生計、抉擇職業時，遠離需造作種種身、口惡業的選項。	
定學	正精進	努力實踐正法	修習四正勤，斷惡修善；修習禪法時，努力將心投注於觀照中。	纏縛煩惱
	正念	如實、清楚地覺知當下	修習四念住，令淨念相續，保持清明的覺知，不扭曲經驗，也不編造故事。	
	正定	正確的專注、禪定	使心念安止、攝於一處，培育深入且有利於培育智慧的專注。	

各組道品，都是佛陀給予眾生的法藥，彼此之間有著密切的關聯。因此，在實踐八正道的時候，必定會同時增長前面的各組道品；反過來說，修學各組道品時，也都不曾離開過八正道的培育。

　　舉例來說：正見代表的智慧，正是觀神足、慧根、慧力、擇法覺支所培育的；正精進代表的勤奮努力，同樣是四種正勤、勤神足、精進根、精進力、精進覺支的修習內容；正念的清明覺知，與四念住、念根、念力、念覺支，有共同的修習目標；正定，則與定根、定力、定覺支同樣帶出了深度專注、收攝心念的重要。

　　即使是信根、信力、輕安覺支、喜覺支等未提及的道品，也都將於禪法的進展中，得到發展。在此過程中，正思惟不斷地將心投向、導往要觀照的目標。而正語、正業、正命這三支正道，則是作為基礎，是禪法得以進步的根本。

　　因此，雖然在初階課程中我們已經學習過了八正道，但掌握了三十七道品後，對於八正道的理解，將能更為細膩且深刻。這條道路，可以陪伴修習者一路從初學入門，到達究竟的解脫，值得反覆地聽聞、思惟、修學。

心|道|法|師|語|錄

用八正道──正見、正思惟、正語、正業、正命、正精進、正念、正定，這八個方法來成就滅苦的道路。這個滅苦的道路，由三十七道品來檢驗自己、檢測自己，到最後進入「道」，八正道。

當我們對名跟色相搞不清楚的時候，就不知道真假是什麼。所以就會造成了迷惑：無明緣行，行緣識，識緣名色，這個一下來，就是我們取捨之間的業力。

從這個，要觀察諸行無常、諸法無我、諸受是苦。這樣，慢慢地我們理解正念在寂靜涅槃，那麼我們由這種生滅心，慢慢變成不生滅的心，這個就是走到這種「道」。這個要摸索一陣的時間，摸索到我們從阿含，就是破一切有，然後能夠看到空，破苦看空。然後才慢慢地從這裡徹底的把自己的基因改變。這個基因就是我們的念頭，徹底地把我們的念頭改變成「道」──八正道的這個基因。我們從這裡進入道以後，我們慢慢就有一個成果。

二、以八正道通往解脫

（一）修學解脫的迫切

為了走上八正道這條通往涅槃的道路，首先要認識到生命所處的境況，確實是無常、是苦，體會修學的迫切。如經云：

> 「雨季我住此，冬夏亦住此」，
>> 此為愚夫想，而不覺危險。
>> 溺愛子與畜，其人心惑著，
>> 死神捉將去，如瀑流睡村。
>> 父子與親戚，莫能為救護。
>> 彼為死所制，非親族能救。
>> 了知此義已，智者持戒津，
>> 通達涅槃路──迅速令清淨。[90]

未對生死探索時，人們往往對於生命必定會面臨死亡的事實缺乏體認。往往只讓一生懵懵懂懂，虛耗在對各種人、事、物的貪愛、執著當中。如此被厚重的無明、渴愛壟罩時，就像陷入了深深的睡眠。一旦洪水來臨，便絲毫沒有逃生的可能。只得隨其牽引，繼續承受後續輪迴諸苦的磨難。

90　《法句經·第 286-289 偈》(CBETA, B07, no. 17, p. 68, a17-20 // PTS. Dhp. 41-42)

無論有著多有力的親族或家人，都無法免於這份生命的無常、脆弱。但是對於一位瞭解如此生命境遇的智者，能夠懂得不再拖延，積極地運用生命剩餘的時間，從打好戒律的基礎做起，迅速地走上這條通往涅槃的道路。

心｜道｜法｜師｜語｜錄

　　正見、正思惟、正語、正業、正命、正精進、正念、正定。這幾個就是導航系統。所以我們要把這個導航系統搞好，為什麼呢？因為我們的苦，累積起來是多生多劫累積起來的。這麼多的儲蓄在裡面，會像海裡面的那個浪一樣，這樣子滾出來的。這樣滾出來以後呢，你就是叫做苦啊！怎麼滅呢？滅了就是滅除這個基、滅除這個因。就是你累積起來的庫存的東西，再加上顯現的這些東西叫色，想法的東西叫做名，所以你們要怎麼樣呢？要用八正道去做。

（二）戒為根基——正語、正業、正命

　　認識生命的無常與苦，是正見的範疇。見解正確了，就能夠啟動離欲、出離的思惟與解脫的實踐。這樣的實

踐，需要戒學的根基。佛陀曾以樹木的成長作為譬喻：如果一棵樹的枝、葉不健康、壞失了，就會令樹皮乃至其中的木材缺乏養分，而無法良好地成長。這就像是戒的基礎不穩定時，因為未能調伏口業、身業的粗野與不善，而令煩惱的勢力持續擴大。這樣一來，離心的寧靜、專注也就越來越遙遠，難以培育正定，遑論獲得智慧與解脫。

反之，持守淨戒則有助於保持攝心、專注，也就更容易提起對當下身心的覺知。這能夠減少各種貪、瞋、癡的煩惱習氣的危害，並使得五蓋的勢力減弱，令正定得到了成熟的基礎。因此，使得智慧與解脫得到了堅實的立足點。如此的良性循環，就像是樹木具備了健康的枝葉，於是能源源不絕地提供養分，長養健康的樹皮與樹幹一般。[91]

八正道中的正語、正業、正命，帶出了戒學的實踐準則：於言語，有意地遠離妄語、兩舌、惡口、綺語這四類口惡業；於身，遠離殺生、偷盜、邪淫；於謀生時，不選擇會導致造作這些惡業的職業。如此，就能夠很大幅度地把身、口業照顧好。進而令修學禪法的效益顯露——調伏內心，增長定力與智慧。

91　《增支部・五集・第 24 經》(CBETA, N21, no. 7, p. 23, a4-p. 24, a4 // PTS. A. 3. 19-20)

心｜道｜法｜師｜語｜錄

　　戒，就是我們生活的準則，是一種漸次進入佛法體悟的生命。戒，是從生活的點滴中攝心，從點點滴滴的攝心、發願裡，讓自己止息生活上的妄念習氣，進而讓我們從戒裡去研討而更熟悉戒律，更能夠對戒的生活熟練，那麼我們在生活中就可以攝心辦道。

　　戒，讓我們能夠注意到細節，不要在這些細節上產生放逸或者是傷害，而能夠從戒裡面去淨化五毒。因此戒就是淨化的工作，讓我們能夠如魚得水去修行的一種生活戒行，從戒做起，就會得到身心安定、清淨、解脫的功能。

　　在戒定慧三學中，最初要做的就是從戒開始攝心，到達心的安定，進入一種戒行的專注，從攝心到專注。我們專注在戒體的止觀裡，從戒去養成習慣，進入專注止觀的禪定修行，從禪定的寧靜安定，讓我們心靈的敏銳跟沉澱，慢慢產生心性的觀照力，也是對心性的契入，打下開智慧的基礎。

　　總之，從戒裡，我們慢慢知道生活中怎麼去圓滿各種事相的變化，然後從這裡得到定，從定裡產生觀照的智慧，從觀照智慧得到一個解脫自在無礙的生命智慧。

（三）修習五支正道

奠定戒學這三支正道的修學基礎後，進一步選擇適合的禪法，實際進行禪修練習時，則主要是由其餘的五支正道——正見、正思惟、正精進、正念、正定——負責觀照，推進智慧的進展。

1. 正見

正見，是能夠如實觀察、洞察身心實相的智慧。不過，在剛開始練習時，這份智慧可能還只停留在世間正見的層次，對於四聖諦還欠缺實際的體會，因此還無法拔除強大的煩惱勢力。但隨著穩固了禪修的習慣，觀照的能力日益進步時，行者將能從觀看身心現象的快速生、滅當中，深刻體會到：一切身心現象，確實是無常，是苦，是無我的。因此，能遠離過往執著有「我」的見解，以及深刻體證到四聖諦、緣起，令出世間的正見生起。

這份實證的智慧，為修習者帶來了一份不會毀壞的清淨信心。經中稱為「四不壞淨」或「四不壞信」——佛不壞淨、法不壞淨、僧不壞淨、聖戒成就。這份智慧，能根除粗重的煩惱與惡業，使行者的生命不可能再往錯誤的方向傾斜。因此，即使仍有殘餘的渴愛，還需再次輪迴，也不可能前往惡趣投生。是以佛陀指出，佛弟子

們可以將這四不壞淨作為一面「法鏡」，用來檢驗自己的修行。[92]

對於這樣清淨的生命境界，佛陀曾以恆河為喻：[93]

有一次，佛陀問弟子們：「如果有一群人，帶著鏟子和籃子，說：『我們要讓恆河改道向西流！』這是有可能的嗎？」

「不可能，這只是徒勞無功的！」弟子們回答。

佛陀接著說明：「倘若有國王、大臣、朋友和親戚，要勸一位已培育、經常實踐八正道的比丘還俗，回到世間生活，享用欲樂。就像如此，是不可能的。」

一位於生命中，融入了八正道的修道者，由於具有正見，對法有真實的體會，因此鞏固了清淨的信心。這時，他已然走上了出世間的八正道，不可能再回到貪戀世俗的生命方向。

---

92 《相應部·第 55 相應·第 8 經》(CBETA, N18, no. 6, p. 219, a9-p. 221, a2 // PTS. S. 5. 356-357)

93 《相應部·第 45 相應·第 160 經》(CBETA, N17, no. 6, p. 199, a11-p. 200, a13 // PTS. S. 5. 53-54)

心 | 道 | 法 | 師 | 語 | 錄

一切的變化、一切的世俗種種，我們看到的是無常、是苦、是如幻。如幻，就是像什麼呢？像閃電、像彩虹、像作夢。我們看到雲變化出很多相，鳥、獸、房子、天空、龍，都會變出很多東西來。可是這些都是一個幻而已，自己的幻覺而已。如幻，就是短暫的意思。世間沒有一時一刻，是不變化的、不無常的。在這個無常的變化裡面，我們沒有辦法去掌握任何一個現象。既然我們在一個無常的世間，我們就要覺醒。

如果如幻觀做得很好，一切法都看到是如幻的話，我們的心就會遠離貪，心就不會貪著。不貪著的時候，你的靈光就獨耀，靈光獨耀以後，就會明心見性，成就佛道就快了。如果我們經常是沉溺於世俗，沒有看清楚，一直貪染下去的話，我們的靈光就不靈光了，獨耀，也耀不起來了。所以，何年、何月、何日，才能夠明心見性呢？困難啊。

所以，要常常如幻觀，我們的生活裡面，隨時可以做如幻的觀照。就是觀察每一個事事物物都是無常的，都是像閃電一樣、像夢一樣、像露水一樣、像泡沫一樣。

常常要發現世間種種，就是這個道理，實在是這個樣子。你這樣觀看的時候，世間種種的名、聞、利、養，就會不貪著了，執取的心就很少，所以你的心就自在。為什麼心不自在呢？就是貪著、流連、不放。你要自在呢，就在如幻裡面能夠發現到這些東西靠不住。所以你的心，就離開這種執著、執取的心，就會得到靈光獨耀，也就會慢慢的明白心性。

2. 正思惟

八正道中的正思惟，也與正見的生起密切相關。當我們平常在實踐善法，例如：要去布施、計畫定課、要去聽聞佛法、要實際禪修時，都需要正思惟的力量，才能把心導向正確的方向。

雖然在禪修時，比較不容易生起粗重的欲望，或是生起想要傷害眾生的意圖，但此時的正思惟，仍是持續為觀照貢獻力量，負責在每個觀照的當下，把心導向要觀照的目標。因此，能夠令正見瞭解身心的無常、苦、無我。

論典中，曾舉了一個譬喻來說明正見、正思惟兩者間的合作方式。就如同一位金匠師，在判斷眼前的東西，

是否是由純金打造而成的時候，會用手把東西拿起來轉動，並且配合眼睛，來從各個角度仔細觀察這個物體。

以手持物而轉動，就像是正思惟在禪修中，負責將心導向要觀照的目標。由此，正見就能夠像金匠師以眼視物，在觀照中把身心現象的真實樣貌給看清楚。[94]

3. 正精進

修習禪法時，正精進、正念、正定這三支定學的訓練，也是不可或缺的。

精進，有所謂的「身精進」與「心精進」。每日按時坐上蒲團，來啟動禪修，是以身精進來促成善法。但是，實際修習的時候，更需要具備心的精進。也就是在每個當下，都能付出努力來保持覺知、觀照，避免觀照受到干擾。兼顧身、心兩方面的精進，修習才能完整。

禪修時若能具有強大的精進，就能在妄想一生起時，很快地把覺知帶回來到觀照上。既不會隨隨便便就被妄想帶走，也不容易放任念頭不斷繁衍，或覺得無聊，陷入懈怠、昏沉的狀態裡。

值得注意的是，在培育正精進時，應避免落入過度執拗的努力。這種不正確的努力，是由過多的得失心所推動的，反而容易製造掉舉的問題。

94　參《分別論註》（PTS. Vibh-a. 91-92）

心｜道｜法｜師｜語｜錄

　　我們面對現象，我們要有一個非常閒的心。不是說要放棄什麼，就是不要去抓，沒有抓，但是又沒有捨棄。因為我們去抓的時候，我們那個心就是緊了，沒辦法進入禪的那種覺受。

4. 正念與正定

　　念或正念的培育，可謂是修習各類禪法的核心。如同先前在介紹念住時所學習過的，以觀呼吸等禪法來培育正念，能夠收攝散亂、放逸的心。安住在對當下身體、感受等身心現象的覺知。

　　安住於這樣的覺知時，能令一切身心現象，都如其所是地呈現。這代表：不會去扭曲或嘗試控制經驗，也不會期待尚未生起的特別體驗。既不會編造各種情節、故事，也能與經驗拉開距離，避免以煩惱習氣回應，或是產生錯誤的自我認同。

　　持續練習喚起正念，五蓋的勢力將會不斷減弱。這使得心能越來越安定、平靜，並且令正定生起。散亂無定的心，是難以執行任何任務的。正定生起的時候，心便進入了極為深刻、穩定的專注，而能夠保持聚焦，集中觀照目標而不會分心。這便有利於智慧的生起。

在練習過程中，時常會有殊勝、特殊的境界伴隨著得定而來。修習者無論是經歷何等的特殊經驗，都只須持續地提起正念，回到方法上。繼續地保持覺知，而不以貪著或是憍慢來應對。

在五支正道的通力合作下，行者對身心、世間法的無常、苦、無我的體會，將越來越深入。這能夠扭轉積習已久的煩惱習氣，並捨棄對於好壞境界的取捨。終究，得以從對種種世間現象的貪執以及虛妄的自我概念當中解放出來。

心｜道｜法｜師｜語｜錄

◆

禪就是清楚、明白，不斷的透視自己，不斷的不被妄念、想法綁住。

三、從道品到圓滿菩提

如果從未深刻檢視感官欲望的真相，認為這是生命中幸福的泉源、最終追求，那麼在面對物質世界時，就容易將自然環境僅僅視為滿足欲望的資源。面對眾生時，也就容易因為個人的偏好或利害關係，產生了強烈的分別、好惡。

反之，以禪修淨化內心，過上具有八正道的生命時，將能夠破壞自我中心的慣性。這代表：修習者得以發現感官欲望的無常、虛妄、究竟無樂可得，因此能夠逐漸遠離對感官欲望的無盡追求。

隨著禪修令智慧的光明，在心中現起，心因此變得清淨、柔軟且開闊，也就能夠更瞭解眾生所共同面對的生命處境，體會到眾生是如何受到無明、渴愛的牽引而受苦。

以這樣經過鍛鍊的心，回到生活中的時候，就能以更良善的方式，來面對環境與眾生。這些發現與體會，都能引生與眾生分享佛法利益的願望，並使得學習佛法的腳步，不會只停留在求取自身解脫上。

心｜道｜法｜師｜語｜錄

人心可以創造一切，如果彼此互相連結到負能量，就是破壞性；連結到正能量，就會成就這個世界的好。既然正負能量都是我們創造的，現在我們應該找回靈性的本質，就叫做慈悲。所以為什麼我們希望大家都坐禪，就是希望能夠從坐禪中將自己那份愛心找回來，只要有愛心，這個世界是多美好！讓我們回到單純，找到靈性的本質，透過坐禪把靈性導航回來，我們才會真正變成自己生命的主角，而不是被物質世界所導航，我們會變成主宰，將物質世界變成善的導航系統、覺的導航系統。

（一）上求佛道，下化眾生

要將所證悟的法，巧妙地傳達給眾生，讓眾生得到利益與安樂，可以以佛陀作為典範。在經典中，記載了無數佛陀善巧度化眾生的案例。這樣的能力，是由弘大的願力，以及生生世世的努力累積而成。

在各傳承的佛典當中，都記載著一段釋迦牟尼佛，於遙遠的過去生中，是如何遇見燃燈佛，又是如何發起希望一切眾生都成就佛果的菩提心的故事。

當時，釋迦牟尼佛是一名名為善慧的修行人。由於深刻瞭解了世間的不圓滿與輪迴的痛苦，生起了強烈的出離心，將俗世的財產盡數布施，前往深山獨修。由於他十分精進，很快便獲得了深刻的禪定與神通，常入於禪定，享用禪定之樂。只是，這也讓他錯過了當時的燃燈佛的入胎、出生、證悟與轉法輪等重大時刻。

在一次機緣底下，善慧得以親自遇見燃燈佛。見到燃燈佛的這一刻，善慧對於成就佛果生起了強大的希求。他發起大願，希望能像燃燈佛一樣，成就無上的佛智慧以利益眾生：

> 如果我希望的話，我可以燒盡一切煩惱，作為僧團的後進者而入喜樂城去吧。但我何必故作偽相，燒盡了自己的煩惱而入涅槃呢？像燃燈

佛的樣子，成了無上正等覺者，以法為舟，把
大眾從輪迴之海度脫，然後入大涅槃吧。這才
於我相應。[95]

此後，善慧生生世世都為了要成就佛果，具足度化眾
生的能力，而不斷努力地修習一切福德與智慧，積聚一
切資糧，圓滿一切德行。終於，以悉達多太子之姿降生
人間，並且於此世圓滿成就佛果，成為我們熟知的釋迦
牟尼佛。

佛陀所走過的這條道路，名為成就、利益眾生的菩薩
道或菩提道。這條道路以成就佛果為目標，要圓滿利益
眾生的願力與能力，長養生命的慈悲與智慧，實際解決
眾生的困苦。這條修學的道路，能夠鍛鍊出更為深廣的
智慧，也更能夠瞭解、貼近眾生的生命歷程。作為典範，
佛陀即使是面對著難以教導的眾生，也能夠透過找到最
適合對方的教導方式，令其得到利益。[96]

迄今，我們所學習過的善、信、戒、定、慧這些內容，
不只能令自身的生命安樂離苦，更是銜接這條成佛道路
的重要基礎。我們不只對三寶的功德有所體認，懂得怎
麼把生命的業果做好，對於世間、生命的四聖諦、無我、

95　夏丏尊，《生生菩薩世世佛：小部經典本生經》，臺北市：商周，2023。

96　如經論中記載的，面對著學習遲緩的周利槃陀伽尊者，連其已經證悟阿羅漢的俗家哥
　　哥都已放棄對他的教導，佛陀卻能夠看出其宿世修學因緣，而以尋常的打掃用具，教導
　　其修習禪法，令其證悟。參《增壹阿含經・第 20 品・第 12 經》(CBETA, T02, no. 125, p.
　　601, a21-c1)；《法句經・第 25 偈》(CBETA, B07, no. 17, p. 41, a8// PTS.Dhp.4) 及其注
　　釋 (PTS. Dhp-a. 1. 239-255)。

緣起等真相，也有了更深刻的體會。進一步去面對眾生時，也能夠以無量心去擴展心念，看見一切輪迴中的眾生同樣處在苦的處境裡，為生死流轉所圍，受著無明、渴愛等煩惱的牽引而反覆受苦。由此，希望眾生離苦的悲心就會更為強烈。

若我們曾體會到佛法帶來的寧靜、安樂，想到眾生在過去生，都曾經用不同的方式照顧我、於我有恩，那麼自然會喚醒一份慈心、願力：希望利益眾生，令其得到真正的快樂。

（二）般若智慧的開展

如何落實對眾生的關懷、慈悲？這是後續的般若期、法華期、華嚴期的課程，要繼續來修學的內容。這當中，又以在智慧上繼續深入，圓滿般若的智慧為要務——培育全面地穿透一切現象的智慧，洞察一切法的緣起。

其實，智慧的培育，不必止步於處理自身的無明、煩惱，斷除十二因緣的鎖鏈。而是能夠繼續加深、加廣對緣起的體會，瞭解一切法不過是一重又一重的緣起交織而成，隨因緣而生滅、聚散。這也代表沒有任何二分、對立的概念，或是知見、理論，能夠真實獨立地存在。由此，進入對空性的體會，剝落任何微細的執著。

在實際陪伴眾生時，會非常需要這份更為深入的般若智慧的帶領。由於眾生有著不同的習氣、成長背景與思考習慣，其所處的環境、社會，也隨時都在變化。在此錯綜複雜的因緣中，要能落實菩薩行，就需要有深入緣起的般若智慧主導。正如一段在佛滅後流傳的〈讚般若波羅蜜偈〉所提到的：

諸佛及菩薩，能利益一切；
般若為之母，能出生養育。
——〈讚般若波羅蜜偈〉[97]

如何以無所得的智慧，鞏固利益眾生、覺醒眾生的菩提心而不退轉，將是法華期的學習重點。華嚴期，則接續與華嚴菩薩們學習，圓融地運用所學，面對世間。從遍學導向遍知，依著不同的因緣來實踐菩薩行，圓滿成就佛果。

心 道 法 師 語 錄

我們在無所得的智慧裡面，發起做覺有情的工作，做度有情的菩薩，才會心無罣礙；因為心無罣礙，才沒有恐怖，遠離顛倒。

97　《大智度論．序品》(CBETA, T25, no. 1509, p. 190, b28-29)

四、阿含期總結

阿含期的學習，一路跟隨著佛陀對生命探索、提問與發現的歷程，學習超越、解脫的智慧與實踐。在《初轉之法》中，透過佛陀於人間初次宣說的四聖諦、八正道等教法，我們開始正視生命的處境，並發起出離心，學習如何活出超越世間的生命。

於《無我之道》，更深入地探索眾生的身心組成，明白眾生對於五取蘊的執取、渴愛，是如何推動緣起的流轉，造就無窮的生死輪迴。也學習了如何從中找到出口，使緣起走上還滅的方向，更深入地把握斷除苦因、苦果的理路與方法。

為求修習教法時能更為得力，於《解脫之門》則完整地開展了佛陀教導的三十七道品。一切道品，都能幫助學習者禪法的進步，培育智慧，猶如為解脫開了一扇扇的門戶。我們從中學習到如何以四念住，常使心念現前；如何以不退轉的四正勤持續斷惡修善，培育解脫必備的精進；穩固四神足，打下成就解脫的基礎，發揮心完整的潛能；培育五根，令心能妥善、平衡地運作，良好地發揮功能來完成應完成的任務；同時，長養五力，能夠對抗各種煩惱的侵擾；能在禪修中，培育出七覺支，逐步圓滿解脫應圓滿的要素；並完整地實踐佛陀教導的世、出世間八正道，獲得真實的明與解脫。

依教奉行，能產生親身的體驗。從中，自然生起對於所依止的佛、法、僧三寶不壞的淨信。如此，既能熟練地面對與處理內心的煩惱，也能對生命的樂及樂因、苦及苦因，產生真實的體認。脫離無明、渴愛的遮蓋與牽繫。

> 若人皈依佛，皈依法及僧，
> 由於正智慧，得見四聖諦。
> 苦與苦之因，以及苦之滅，
> 並八支聖道，能令苦寂滅。
> 此皈依安穩，此皈依無上，
> 如是皈依者，解脫一切苦。[98]

這份體會，對於發心走上成佛道路的行者，是重要的成就，卻不是佛陀生命教育的終點站。每個人的心性光明，其實都可以如佛陀一般全然地圓滿、周遍開展，成就與佛同樣的智慧與功德。

由此，行者能夠接續契入菩提道的修學，與諸佛、菩薩學習，持續地於成佛之道上前行。生生世世廣發大願，常發慈、悲、喜、捨四無量心，圓滿一切福德智慧資糧，直至成就、住持一方佛國淨土，生生世世，以傳承諸佛法，利益一切眾為使命，作為對佛陀恩德最好的回報。

98　《法句經・第 190-192 偈》(CBETA, B07, no. 17, p. 59, a14-16 // PTS. Dhp. 28)

心｜道｜法｜師｜語｜錄

　　感恩釋迦佛讓我能夠學習到如此珍貴的法，沒有釋迦佛，我們就沒有佛法可以學習，面對人生種種生、老、病、死的痛苦，我們更是一點辦法也沒有。

　　今天我們對於人生的生死與苦樂能有一份看法跟解脫，甚而知道人生怎麼樣去做，才能夠得到最大的福氣；怎麼樣去做，才能得到最大的智慧；知道怎麼去掌握自身生命的方向盤，這都要感念釋迦佛的恩德。如果不是因為祂，我們無法去釐清和得知宇宙人生這麼多的道理，今天我們能夠得到人生這份豐富的收穫，擁有這份生命的滿足和快樂，都是釋迦佛所給予的，也因為佛陀珍貴的法教能夠傳承下來，我們才能夠擁有這份佛法的寶藏。

　　然而，我們如何能夠報答釋迦佛呢？距離我們這麼久遠以前的時間，祂早已經涅槃，我們看不見祂的人、不能夠接觸到祂，要怎麼能夠報答祂的恩德？只有一個方法，只有承先啟後，只有把祂的法教傳承下去，用祂那份的苦心把佛法傳承給每一個人，讓人人都能夠學習佛法，願眾生都能夠自在解脫、能夠得到快樂。在菩薩道上我能夠不覺勞苦，所一直依持的，就是這麼樣的一份信念。

學｜習｜體｜驗

◆ 學習三十七道品，對我在修學佛法的路上，
　有哪些幫助？

◆ 我是否已經能夠熟練地將八正道貫徹在生活中？

◆ 阿含期的學習，為我的生命帶來哪些轉變？

學習筆記 *Note*

附錄：《中部·念住經》

—— 溫宗堃譯[99]

我這樣聽說。曾有一時，世尊停留在拘樓國，一個名為劍磨瑟曇的拘樓國城市。在那裡，世尊對比丘們說：「比丘們啊！」那些比丘便回答世尊：「尊者啊！」世尊說：

「比丘們啊！這是淨化眾生、超越哀愁與悲泣、滅除痛苦與憂傷、成就正理與作證涅槃的一行道，也就是，四念住。哪四個呢？

總說

比丘們啊！在此，比丘於身隨觀身而住，精勤、正知、具念，滅除對世間的貪愛與憂傷；於受隨觀受而住，精勤、正知、具念，滅除對世間的貪愛與憂傷；於心隨觀心而住，精勤、正知、具念，滅除對世間的貪愛與憂傷；於法隨觀法而住，精勤、正知、具念，滅除對世間的貪愛與憂傷。

99　PTS. M. 1. 55-63, 取自《從修行到解脫：巴利佛典選集》pp. 159-175。

身念住

入出息念第一

比丘們啊！比丘如何於身隨觀身而住？比丘們啊！在此，比丘至林野、樹下或空屋處，結跏趺坐，端身正直，立念在前。他保持正念地入息，保持正念地出息。入息長時，他知道：『我入息長』；出息長時，他知道：『我出息長』；入息短時，他知道：『我入息短』；出息短時，他知道：『我出息短』。他如此地練習：『我將覺知一切身而入息』。他如此地練習：『我將覺知一切身而出息』。他如此地練習：『我將令身行平息而入息』。他如此地練習：『我將令身行平息而出息』。比丘們啊！猶如熟練的鏇師或他的徒弟，長轉時，知道『我長轉』；短轉時，知道『我短轉』。同樣地，比丘們啊！比丘入息長時，他知道：『我入息長』…（略）…他如此地練習：『我將令身行平息而出息』。如此，他於內身隨觀身而住；或於外身隨觀身而住；或於內、外身隨觀身而住；或隨觀身的生起現象而住；或隨觀身的滅去現象而住；或隨觀身的生起與滅去的現象而住；或他有『〔僅

身存在』這樣的念現起，乃為了〔更殊勝的〕智與念；他無依止而住，不執取世間的任何事物。比丘們啊！如此，比丘於身隨觀身而住。

威儀觀第二

比丘們啊！再者，比丘行走時，他了知：『我在走』；站立時，他了知：『我在站』；坐著時，他了知：『我在坐』；躺臥時，他了知：『我在躺臥』；無論身體如何擺置，他皆加以了知。如此，他於內身隨觀身而住…〔或隨觀身的生起現象而住〕…不執取世間的任何事物。比丘們啊！如此，比丘於身隨觀身而住。

正知第三

比丘們啊！再者，比丘在前往、返回時，保持正知；往前看、往旁看時，保持正知；彎曲、伸直〔肢體〕時，保持正知；持取大衣及衣缽時，保持正知；吃、喝、嚼、嚐時，保持正知；大、小便時，保持正知；行、住、坐時，將睡時、醒時，談話、沉默時，皆保持正知。如此，他於內身隨觀身而住……不執取世間的任何事物。比丘們啊！如此，比丘於身隨觀身而住。

厭逆作意第四

比丘們啊！再者，比丘觀察這個身體，從腳底以上、頭髮以下，都被皮所覆蓋，充滿種種的不淨：『這身體裡，有髮、體毛、指甲、牙齒、皮膚、肉、筋、骨頭、骨髓、腎、心、肝、肋膜、脾、肺、小腸、腸間膜、胃中物、大便、膽汁、痰、膿、血、汗、脂肪、淚、膏油、唾液、鼻涕、關節滑液、小便。』比丘們啊！恰如一個兩端有開口的袋子，充滿種種的穀物：秈米、粟米、綠豆、豌豆、芝麻、精米。明眼的人能解開此袋，觀察其內容：『這些是秈米；這些是粟米；這些是綠豆；這些是豌豆；這些是芝麻；這些是精米。』比丘們啊！同樣地，比丘觀察這個身體，從腳底以上、頭髮以下，都被皮所覆蓋，充滿種種的不淨：『這身體裡，有髮、體毛……小便。』如此，他於內身隨觀身而住……不執取世間的任何事物。比丘們啊！如此，比丘於身隨觀身而住。

界作意第五

比丘們啊！再者，無論這身體如何住立、如何被擺置，比丘觀察這身體由界所構成：『這身

體裡，有地界、水界、火界、風界。』比丘們啊！
猶如熟練的屠牛者或他的徒弟，坐在十字路口
殺了母牛、將牠塊塊分解，同樣地，無論這身
體如何住立、如何被擺置，比丘觀察這身體由
界所構成：『這身體裡，有地界、水界、火界、
風界。』如此，他於內身隨觀身而住……不執
取世間的任何事物。比丘們啊！如此，比丘於
身隨觀身而住。

九塚觀第六

比丘們啊！再者，猶如比丘看見棄置在基地的
屍體，死了一天、兩天或三天，腫脹、青瘀、
呈現潰爛。他拿〔自己〕這身體〔與那屍體〕
作比較：『我這個身體也具有這樣的性質，將
變成這樣，無法避免這樣的狀態。』如此，他
於內身隨觀身而住……不執取世間的任何事物。
比丘們啊！如此，比丘於身隨觀身而住。

比丘們啊！再者，猶如比丘看見棄置在基地的
屍體，被烏鴉、兀鷹、鵟、蒼鷺、狗、老虎、豹、
土狼、種種的蟲所啃噬。他拿〔自己〕這身體〔與
那屍體〕作比較：『我這個身體也具有這樣的
性質，將變成這樣，無法避免這樣的狀態。』

如此，他於內身隨觀身而住……不執取世間的任何事物。比丘們啊！如此，比丘於身隨觀身而住。

比丘們啊！再者，猶如比丘看見棄置在墓地的屍體，一個帶著肉與血，以筋相連的骸骨。……

……無肉但帶血，以筋相連的骸骨……

……無血且無肉，以筋相連的骸骨……

……骨不相連、散於四處：一邊是手骨；一邊是腳骨；一邊是脛骨；一邊是腿骨；一邊是腰骨；一邊是脊骨；一邊是頭蓋骨。他拿〔自己〕這身體〔與那屍體〕作比較：『我這個身體也具有這樣的性質，將變成這樣，無法避免這樣的狀態。』如此，他於內身隨觀身而住……不執取世間的任何事物。比丘們啊！如此，比丘於身隨觀身而住。

比丘們啊！再者，猶如比丘看見棄置在墓地的屍體，變成似螺貝色的白色骨頭。……

……過了一年的一堆骨頭……

……腐朽、變成粉狀的骨頭。他拿〔自己〕這身體〔與那屍體〕作比較：『我這個身體也具有這樣的性質，將變成這樣，無法避免這樣的狀態。』如此，他於內身隨觀身而住；或於外身隨觀身而住；或於內、外身隨觀身而住；或隨觀身的生起現象而住；或隨觀身的滅去現象而住；或隨觀身的生起與滅去的現象而住；或他有『〔僅〕身存在』這樣的念現起，乃為了〔更殊勝的〕智與念；他無依止而住，不執取世間的任何事物。比丘們啊！如此，比丘於身隨觀身而住。

受念住

比丘們啊！比丘如何於受隨觀受而住？比丘們啊！在此，比丘體驗樂受時，他了知：『我體驗樂受』；體驗苦受時，他了知：『我體驗苦受』；體驗不苦不樂受時，他了知：『我體驗不苦不樂受』；體驗有欲的樂受時，他了知：『我體驗有欲的樂受』。……無欲的樂受……有欲的苦受……無欲的苦受……有欲的不苦不樂受……體驗無欲的不苦不樂受時，他了知：『我體驗無欲的不苦不樂受』。如此，他於內受隨

觀受而住；或於外受隨觀受而住；或於內、外受隨觀受而住；或隨觀受的生起現象而住；或隨觀受的滅去現象而住；或隨觀受的生起與滅去的現象而住；或他有『〔僅〕受存在』這樣的念現起，乃為了〔更殊勝的〕智與念；他無依止而住，不執取世間的任何事物。比丘們啊！如此，比丘於受隨觀受而住。

心念住

比丘們啊！比丘如何於心隨觀心而住？比丘們啊！在此，比丘心有貪時，了知『心有貪』；心離貪時，了知：『心離貪』……有瞋……離瞋……有癡……離癡……萎縮……散亂……廣大……不廣大……有上……無上……安定……不定……解脫……心未解脫時，了知：『心未解脫』。如此，他於內心隨觀心而住；或於外心隨觀心而住；或於內、外心隨觀心而住；或隨觀心的生起現象而住；或隨觀心的滅去現象而住；或隨觀心的生起與滅去的現象而住；或他有『〔僅〕心存在』這樣的念現起，乃為了〔更殊勝的〕智與念；他無依止而住，不執取世間的任何事物。比丘們啊！如此，比丘於心隨觀心而住。

法念住

觀五蓋第一

比丘們啊！比丘如何於法隨觀法而住？比丘們啊！在此，比丘於法即五蓋隨觀法而住。那麼，比丘們啊！比丘如何於法即五蓋隨觀法而住？比丘們啊！在此，比丘內有欲貪時，了知：『我內有欲貪』；內無欲貪時，了知：『我內無欲貪』。他了知未生的欲貪如何生起；了知已生的欲貪如何斷除；了知已斷的欲貪如何於未來不再生起。內有瞋恚時，了知：『我內有瞋恚』……內有昏沉與懶惰時，了知：『我內有昏沉與懶惰』……內有掉舉與後悔時，了知：『我內有掉舉與後悔』……內有懷疑時，了知：『我內有懷疑』；內無懷疑時，了知：『我內無懷疑』。他了知未生的懷疑如何生起；了知已生的懷疑如何斷除；了知已斷的懷疑如何於未來不再生起。如此，他於內法隨觀法而住；或於外法隨觀法而住；或於內、外法隨觀法而住；或隨觀法的生起現象而住；或隨觀法的滅去現象而住；或隨觀法的生起與滅去的現象而住；或他有『〔僅〕法存在』這樣的念現起，乃為

了〔更殊勝的〕智與念；他無依止而住，不執取世間的任何事物。比丘們啊！如此，比丘於法即五蓋隨觀法而住。

觀五取蘊第二

比丘們啊！再者，比丘於法即五取蘊隨觀法而住。比丘們啊！比丘如何於法即五取蘊隨觀法而住？比丘們啊！在此，比丘〔了知〕：『色是這樣，色的生起是這樣，色的滅去是這樣；受是這樣，受的生起是這樣，受的滅去是這樣；想是這樣，想的生起是這樣，想的滅去是這樣；行是這樣，行的生起是這樣，行的滅去是這樣；識是這樣，識的生起是這樣，識的滅去是這樣。』如此，他於內法隨觀法而住……不執取世間的任何事物。比丘們啊！如此，比丘於法即五取蘊隨觀法而住。

觀十二處第三

比丘們啊！再者，比丘於法，即內外六處隨觀法而住。比丘們啊！比丘如何於法即內外六處隨觀法而住？比丘們啊！在此，比丘了知眼，了知色；了知依緣於〔眼、色〕二者而生的結

縛；了知未生的結縛如何生起；了知已生的結
縛如何被斷除；了知已斷的結縛如何於未來不
生。他了知耳，了知聲……（略）……了知鼻，
了知香……了知舌，了知味……了知身，了知
觸……他了知意，了知法；了知依緣於〔意、法〕
二者而生的結縛；了知未生的結縛如何生起；
了知已生的結縛如何被斷除；了知已斷的結縛
如何於未來不生。如此，他於內法隨觀法而住
……不執取世間的任何事物。比丘們啊！如此，
比丘於法即內外六處隨觀法而住。

觀七覺支第四

比丘們啊！再者，比丘於法即七覺支隨觀法而
住。比丘們啊！比丘如何於法即七覺支隨觀法
而住？比丘們啊！在此，比丘內有念覺支時，
了知：『我內有念覺支』；內無念覺支時，了
知：『我內無念覺支』。他了知未生起的念覺
支如何生起；了知如何藉由修行來圓滿已生起
的念覺支。內有擇法覺支時，了知：『我內有
擇法覺支』……內有精進覺支時，了知：『我
內有精進覺支』……內有喜覺支時，了知：『我
內有喜覺支』……內有輕安覺支時，了知：『我

內有輕安覺支』……內有定覺支時，了知：『我內有定覺支』……內有捨覺支時，了知：『我內有捨覺支』；內無捨覺支時，了知：『我內無捨覺支』。他了知未生起的捨覺支如何生起；了知如何藉由修行來圓滿已生起的捨覺支。如此，他於內法隨觀法而住……不執取世間的任何事物。比丘們啊！如此，比丘於法即七覺支隨觀法而住。

觀四聖諦第五

比丘們啊！再者，比丘於法即四聖諦隨觀法而住。比丘們啊！比丘如何於法即四聖諦隨觀法而住？比丘們啊！在此，比丘如實地了知：『這是苦』；如實地了知：『這是苦的因』；如實地了知：『這是苦的滅』；如實地了知：『這是趨向苦滅的道路』。如此，他於內法隨觀法而住；或於外法隨觀法而住；或於內、外法隨觀法而住；或隨觀法的生起現象而住；或隨觀法的滅去現象而住；或隨觀法的生起與滅去的現象而住；或他有『〔僅〕法存在』這樣的念現起，乃為了〔更殊勝的〕智與念；他無依止而住，不執取世間的任何事物。比丘們啊！如此，比丘於法即四聖諦隨觀法而住。

結語

比丘們啊！任何人若這樣修習四念住七年，便可以期待下列二種成果中的一種：今生〔得〕盡智，或者，尚有餘依時，〔得〕不還果。比丘們啊！姑且不論七年，任何人若這樣修習四念住六年、五年、四年、三年、兩年，或一年，便可以期待下列二種成果中的一種：今生〔得〕盡智，或者，尚有餘依時，〔得〕不還果。比丘們啊！姑且不論一年，任何人若這樣修習四念住七個月，便可以期待下列二種成果中的一種：今生〔得〕盡智，或者，尚有餘依時，〔得〕不還果。比丘們啊！姑且不論七個月，任何人若這樣修習四念住六個月、五個月、四個月、三個月、兩個月、一個月、半個月……姑且不論半個月，任何人若這樣修習四念住七天，便可以期待下列二種成果中的一種：今生〔得〕盡智，或者，尚有餘依時，〔得〕不還果。

我曾如此說過：『這是淨化眾生、超越哀愁與悲泣、滅除痛苦與憂傷、成就正理與作證涅槃的一行道，也就是，四念住。』而這便是就這〔成果〕而說的。」

引用格式與巴利原典縮語對照

◎ 引用格式

本書引用《大正新脩大藏經》、《藏外佛教文獻》與《漢譯南傳大藏經》（元亨寺版）的資料出自「中華電子佛典協會」(Chinese Buddhist Electronic Text Association, 簡稱 CBETA) 的電子佛典集成。引用出處依「冊數」、「經號」、「頁數」、「欄數」、「行數」之順序紀錄。引用《漢譯南傳大藏經》時，另附巴利聖典協會（Pali Text Society, PTS）版巴利三藏出處，依序標記「引用原典」（請參以下巴利原典縮語對照）、「冊數」、「頁碼」以供對照，如：
《雜阿含經・第 403 經》 (CBETA, T02, no. 99, p. 108, a19-22)
《相應部・第 56 相應・第 11 經》 (CBETA, N18, no. 6, p. 311, a10-12 // PTS. S. 5. 421)

◎ 巴利原典縮語對照

A	Aṅguttara Nikāya	《增支部》
D	Dīgha Nikāya	《長部》
Dhp	Dhammapada	《法句經》
Dhp-a	Dhammapadaṭṭhakathā	《法句經》注
M	Majjhima Nikāya	《中部》
Mil	Milindapañhā	《彌蘭王問經》
Ps	Papañcasūdanī	《破除迷障》（《中部》注）
S	Saṃyutta Nikāya	《相應部》
Sn	Sutta Nipāta	《經集》
Th	Theragāthā	《長老偈經》
Th-a	Theragāthāṭṭhakathā	《長老偈經》注
Vibh-a	Sammohavinodanī	《破除愚痴》（《分別論》注）
Vin	Vinayapiṭaka	《律藏》
Vism	Visuddhimagga	《清淨道論》

參考書目

◎ 經典

- 〔東晉〕瞿曇僧伽提婆譯：《中阿含經》（收入《大正新脩大藏經》（中華電子佛典協會電子化）第一冊 No.26）

- 〔東晉〕瞿曇僧伽提婆譯：《增壹阿含經》（收入《大正新脩大藏經》（中華電子佛典協會電子化）第二冊 No.125）

- 〔姚秦〕佛陀耶舍、竺佛念譯：《長阿含經》（收入《大正新脩大藏經》（中華電子佛典協會電子化）第一冊 No.1）

- 〔劉宋〕求那跋陀羅譯：《雜阿含經》（收入《大正新脩大藏經》（中華電子佛典協會電子化）第二冊 No.99）

- 〔唐〕義淨譯：《根本説一切有部毘奈耶雜事》(收入《大正新脩大藏經》（中華電子佛典協會電子化）第二十四冊 No.1451）

- 通妙譯：《律藏：犍度》（收入《漢譯南傳大藏經》（元亨寺版）（中華電子佛典協會電子化）第三冊～第四冊 No.2）

- 通妙譯：《長部經典》（收入《漢譯南傳大藏經》（元亨寺版）（中華電子佛典協會電子化）第六冊～第八冊 No.4）

- 通妙譯：《中部經典》（收入《漢譯南傳大藏經》（元亨寺版）（中華電子佛典協會電子化）第九冊～第十二冊 No.5）

- 通妙、雲庵譯：《相應部經典》（收入《漢譯南傳大藏經》（元亨寺版）（中華電子佛典協會電子化）第十三冊～第十八冊 No.6）

- 郭哲彰、葉慶春、關世謙譯：《增支部經典》（收入《漢譯南傳大藏經》（元亨寺版）（中華電子佛典協會電子化）第十九冊～第二十五冊 No.7）

- 悟醒譯：《小部經典·小誦經》（收入《漢譯南傳大藏經》（元亨寺版）（中華電子佛典協會電子化）第二十六冊 No.8）

- 悟醒譯：《小部經典·法句經》（收入《漢譯南傳大藏經》（元亨寺版）（中華電子佛典協會電子化）第二十六冊 No.9）

- 悟醒譯：《小部經典·自說經》（收入《漢譯南傳大藏經》（元亨寺版）（中華電子佛典協會電子化）第二十六冊 No.10）

- 雲庵譯：《小部經典·經集》（收入《漢譯南傳大藏經》（元亨寺版）（中華電子佛典協會電子化）第二十七冊 No.12）

- 雲庵譯：《小部經典·長老偈經》（收入《漢譯南傳大藏經》（元亨寺版）（中華電子佛典協會電子化）第二十八冊 No.15）

- 悟醒譯：《小部經典·本生經》（收入《漢譯南傳大藏經》（元亨寺版）（中華電子佛典協會電子化）第三十一冊～第四十二冊 No.18）

- 鄧殿臣、趙桐譯：《大念處經》（收入《藏外佛教文獻》（中華電子佛典協會電子化）第五冊 No.48）

- 了參譯：《南傳法句經》（收入《大藏經補編選錄》（中華電子佛典協會電子化）第七冊 No.17）

- 水野弘元著，釋達和譯：《巴利語佛典精選》（臺北：法鼓文化，2005 年）

- 法增比丘譯：《南傳法句經新譯》(臺北：佛陀教育基金會，2016 年)
- 郭良鋆譯：《經集》（台南：台灣南傳上座部佛教學院，2011 年）
- 蔡奇林等譯：《從修行到解脫：巴利佛典選集》（新北：南山佛教文化，2012 年）
- 蔡耀明編譯：《世界文明原典選讀 V：佛教文明經典》（新北：立緒文化，2017 年）
- 關則富譯：《巴利語佛經譯注：增支部（一）》（臺北：聯經，2016 年）
- 釋達和譯：《經集》（臺北：法鼓文化，2008 年）
- Bodhi, Bhikkhu (tr.), 2000: The Connected Discourses of the Buddha: A Translation of the Saṃyutta Nikāya. Boston, MA: Wisdom Publications.
- Bodhi, Bhikkhu (tr.), 2005: In the Buddha's Words: An Anthology of Discourses from the Pali Canon. Boston, MA: Wisdom Publications.
- Bodhi, Bhikkhu (tr.), 2012: The Numerical Discourses of the Buddha: A Translation of the Aṅguttara Nikāya. Boston, MA: Wisdom Publications.
- Bodhi, Bhikkhu (tr.), 2017: The Suttanipāta: An Ancient Collection of the Buddha's Discourses Together with its Commentaries. Boston, MA: Wisdom Publications.
- Horner, I. B. (tr.), 1963: Milinda's Question (Vol.1). Worcester, England: Luzac & Company LTD.
- Horner, I. B. (tr.), 1969: Milinda's Question (Vol.2). Worcester, England: Luzac & Company LTD.
- Horner, I. B. (tr.), 2007 (1954): The Collection of the Middle Length Sayings. Lancaster, England: Pali Text Society.

· Ñāṇamoli, Bhikkhu and Bhikkhu Bodhi (tr.), 1995: The Middle Length Discourses of the Buddha : A New Translation of the Majjhima Nikāya. Kandy, Sri Lanka: Buddhist Publication Society.

· Rhys Davids, C. A. F. (tr.), 1913: Psalms of the Early Buddhists: II. - Psalms of the Brethren. London, England: Pali Text Society.

· Rhys Davids, T. W. (tr.), 1890: The Questions of King Milinda. Oxford, England: Clarendon Press.

· U Ba Kyaw (tr.), 1980: Peta-Stories. London, England: Pali Text Society.

· Walshe, Maurice (tr.), 1995: The Long Discourses of the Buddha: A Translation of the Dīgha Nikāya. Boston, MA: Wisdom Publications.

※ 巴利三藏原典，另參考印度「內觀研究所」（Vipassana Research Institute, VRI）出版製作的 Chaṭṭha Saṅgāyana Tipitaka CD-ROM v4.1（簡稱 CSCD）及巴利聖典協會（Pali Text Society，PTS）兩版本。

◎ 論典、古德著作

· 龍樹造，〔姚秦〕鳩摩羅什譯：《大智度論》（收入《大正新脩大藏經》（中華電子佛典協會電子化）第二十五冊 No.1509）

· 悟醒譯：《清淨道論》（收入《漢譯南傳大藏經》（元亨寺版）（中華電子佛典協會電子化）第六十七～第六十九冊 No.35）

· 葉均譯，果儒法師修訂：《清淨道論》（桃園：中平精舍，2011 年）

· 覓寂尊者譯：《小誦經註》（臺南：臺灣南傳上座部佛教學院，2017 年）

- Bodhi, Bhikkhu (tr.), 2008 (1989): The Discourse on the Fruits of Recluseship: Samannaphala Sutta and its Commentary. Kandy, Sri Lanka: Buddhist Publication Society.

- Burlingame, Eugene Watson (tr.), 1921: Buddhist Legends: Translated from the Original Pali Text of the Dhammapada Commentary. Cambridge, MA: Harvard University Press.

- Soma Thera (tr.), 1999 (1941): The Way of Mondfulness: The Satipaṭṭhāna Sutta And Its Commentary. Kuala Lumpur, Malaysia: Buddhist Publication Society.

◎ 專書

- 水野弘元著，釋慧敏譯：《佛教教理研究：水野弘元著作選集（二）》（臺北：法鼓，2000 年）

- 向智長老（Nyanaponika Thera）著，賴隆彥譯：《正念之道》（臺北：橡樹林，2006 年）

- 向智長老、何慕斯・海克（Hellmuth Hecker）著，賴隆彥譯：《佛陀的聖弟子傳 I-IV》（臺北：橡樹林，2021 年）

- 向智長老著，香光書鄉編譯組譯：《法見》（嘉義：香光書鄉，2011 年）

- 性空法師（Ven. Dhammadipa）著：《諸佛共同的聖劍：最完整四念處禪修講解，最直接斷除煩惱的力量》（新北市：大千出版社，2012 年）

- 性空法師述：《念處之道：大念處經講記》（嘉義：香光書鄉，2006 年）

- 明昆長老著，敬法比丘譯：《南傳菩薩道》（臺南：台灣南傳上座部佛教學院，2017 年）

- 法增比丘述：《三十七菩提分法》（臺北：佛陀教育基金會，2015 年）

- 阿姜布拉姆（Ajahn Brahm）著，賴隆彥譯：《禪悅─快樂呼吸十六法》（臺北：橡實文化，2007 年）

- 南達悉諦禪師（Sayadaw Nandasiddhi）著：《萬日法命─寂靜道上的指南針》（馬來西亞：尼樂塔禪修中心，2015 年）

- 迦諦喇禪師（Sayadaw U Zatila）述，曾國興譯：《洞見生命實相─大念處經講記》（南投：法心禪苑，2016 年）

- 班迪達尊者（Sayadaw U Pandita）著，溫宗堃譯：《佛陀的勇士們》（臺北：佛陀原始正法中心，2009 年）

- 班迪達尊者述，卡瑪蘭迪譯：《就在今生》（南投：法心禪苑，2014 年）

- 班迪達尊者著，觀行者譯：《念住內觀：以直觀智解脫心》（臺北：橡樹林，2019 年）

- 馬哈希尊者（Ven. Mahāsi Sayadaw）著，溫宗堃譯：《毗婆舍那講記：含〈法的醫療〉》（新北：南山放生寺，2007 年）

- 馬哈希尊者著，溫宗堃、何孟玲譯：《轉法輪經講記》（臺北：佛陀原始正法中心，2011 年）

- 馬哈希尊者著，林文鄉、何幸姬、張良君譯：《風動石：世法經講記》（臺北：佛陀原始正法中心，2013 年）

- 馬哈希尊者著，宋潤泉譯：《具戒經講記》（休斯頓：休斯頓禪修中心，2017 年）

- 馬哈希尊者著，陳怡如、林憲宏譯：《帝釋所問經講記》（臺北：佛陀原始正法中心，2017 年）

- 淨明：《不淨觀》（新北：大千，2001 年）

- 傑克・康菲爾德（Jack Kornfield）編著，法觀法師譯：《法住世間：十二位上座部佛教大師的教示與禪修指導》（新北：靈鷲山，2017 年）

- 喜戒禪師（Ven. U Sīlānanda）著，賴隆彥譯：《正念的四個練習》（臺北：橡樹林，2017 年）
- 無著比丘（Bhikkhu Anālayo）著，香光書鄉編譯組譯：《念住：通往證悟的直接之道》（嘉義：香光書鄉，2017 年）
- 無著比丘著，釋心承、劉雅詩、呂文仁譯：《從比較的觀點看念住的實修方法》（臺北：法鼓文化，2020 年）
- 菩提比丘（Bhikkhu Bodhi）著，香光書鄉編譯組譯：《八正道：趣向苦滅的道路》，（嘉義：香光莊嚴，2010 年）
- 菩提比丘著，尋法比丘譯：《阿毗達摩概要精解》（新北：慈善精舍，2015 年）
- 越建東：《禪修、禪法、禪技：佛教修行觀之嬗變》（新北：魚籃文化，2018 年）
- 慈濟瓦禪師（Bhante Sujiva）著，休斯頓禪修中心翻譯小組譯：《穿越虛妄迷霧之道——從阿毗達摩看觀禪》（Houston, TX：休斯頓禪修中心，2018）
- 雷迪大師（Ledi Sayadaw）著，蔡文熙譯：《三十七道品導引手冊：阿羅漢的足跡》（臺北：方廣，2017 年）
- 維拉哥達・薩拉達大長老 (Ven. Weragoda Sarada Maha Thero) 編著，釋聖悔編：《真理的寶藏——《法句經》註解、故事、評論》（臺北：佛陀教育基金會，2019 年）
- 德寶法師（Bhante Henepola Gunaratana）著，賴隆彥譯：《快樂來自四念處》（臺北：橡實，2013 年）
- 德寶法師著，觀行者譯：《療癒身心的十種想》（臺北：橡樹林，2017 年）
- 蔡耀明：《業報緣起與成就無上智慧——以阿含、般若為線索而連貫之》（臺北：文津，2019 年）
- 魯柏・葛汀（Rupert Gethin）著，賴隆彥譯：《佛教基本通：佛教的修行路徑導覽》（臺北：橡實，2009 年）

- 髻智比丘（Bhikkhu Ñāṇamoli）著，釋見諦、牟志京譯：《親近釋迦牟尼佛：從巴利藏經看佛陀的一生》（臺北：橡樹林，2006 年）

- 釋心道：《願力的財富》（臺北：橡樹林，2013 年）

- 釋心道：《坐禪的力量》（臺北：天下，2017 年）

- 釋心道：《傳心》（新北：貿騰發賣，2022 年）

- 釋印順：《寶積經講記》（臺北：正聞，2003 年）

- 釋印順：《成佛之道（增注本）》（臺北：正聞，2010 年）

- 釋聖嚴：《三十七道品講記》（臺北：法鼓文化，2011 年）

- Anālayo, Bhikkhu, 2003: Satipaṭṭhāna: The Direct Path to Realization. Kandy, Sri Lanka: Buddhist Publication Society.

- Anālayo, Bhikkhu, 2014: Perspectives on Satipaṭṭhāna. Cambridge, England: Windhorse Publications.

- Anālayo, Bhikkhu, 2018: Satipaṭṭhāna Meditation: A Practice Guide. Cambridge, England: Windhorse Publications.

- Anālayo, Bhikkhu, 2021: Deepening Insight: Teachings on vedanā in the Early Buddhist Discourses. Onalaska, WA: Pariyatti Press.

- Gethin, Rupert, 2001: The Buddhist Path to Awakening. Oxford, England: Oneworld Publications.

- Mahāsi Sayadaw, 1944. The Progress of Insight : A Treatise on Buddhist Satipaṭṭhāna Meditation. Translated by Nyānaponika Thera. Kandy, Sri Lanka: Buddhist Publication Society.

- Karunadasa, Y., 2018 (2013): Early Buddhist Teachings: the Middle Position in Theory and Practice. Somerville, MA: Wisdom Publications.

- Kuan, Tse-fu, 2008: Mindfulness in Early Buddhism: New Approaches through Psychology and Textual Analysis of Pali, Chinese, and Sanskrit sources. Oxford, England: Routledge.

- Ledi Sayadaw, 2017 (1977): The Manuals of Insight & The Noble Eightfold Path and Its Factors Explained. Translated by U Ñāṇa Mahāthera, U Saw Tun Teik. Kandy, Sri Lanka: Buddhist Publication Society.

- Ledi Sayadaw, 2018 (2007): The Manuals of Light & The Manual of the Path to Higher Knowledge. Translated by U Tin U, Sayadaw U Nanika Aggamahapandita. Kandy, Sri Lanka: Buddhist Publication Society.

- Ledi Sayadaw, 2011. A Manual of Respiration. Translated by U Sein Nyo Tun. Kandy, Sri Lanka: Buddhist Publication Society.

- P. A. Payutto, Bhikkhu, 2021: Buddhadhamma: The Laws of Nature and Their Benefits to Life. Translated by Robin Philip Moore. Bangkok, Thailand: Buddhadhamma Foundation.

- Piyadassi Thera, 1960: The Seven Factors of Enlightenment. Kandy, Sri Lanka: Buddhist Publication Society.

◎ 工具書

- 丁福保：《佛學大詞典》（臺北：新文豐，1985 年）
- 水野弘元：《パ - リ語辭典》（東京‧日本：春秋社，1987 年）
- 慈怡主編：《佛光大辭典》（臺北：佛光文化，1997 年）

◎ 期刊、論文

- 楊郁文（2000）：〈三十七菩提分法及其次第開展與整體運用〉，《《印順思想》—印順導師九秩晉五壽慶論文集》，頁 63-104。

- 菩提比丘著，溫宗堃等譯（2014）：〈正念的真正意思為何—巴利聖典的觀點〉，《福嚴佛學研究》第九期，頁 1-22。

- 溫宗堃（2006）：〈佛教禪修與身心醫學：正念修行的療癒力量〉，《普門學報》第三十三期，頁 9-50。

- 溫宗堃（2007）：〈巴利《念處經》的「外觀」—當代緬甸毗婆舍那修行傳統之間的一個諍論〉，《新世紀宗教研究》第六卷第二期，頁 43-79。

- 溫宗堃（2011）：〈四念住如何是唯一之道〉，《福嚴佛學研究》第六期，頁 1-22。

- 菩提比丘述，釋自鼐譯（2006）：〈初期佛教解脫道概觀—菩提比丘講解馬邑大經〉，《青松萌芽》第十二期，頁 20-49。

- 林崇安（1998）：〈正法與三十七菩提分法的實踐〉，《中華佛學學報》第十一期，頁 49-72。

- Anālayo, Bhikkhu, 2014: "Protecting Oneself and Others Through Mindfulness: The Acrobat Simile in the Saṃyukta-āgama", Sri Lanka International Journal of Buddhist Studies, no. 2, pp. 1-23.

- Bodhi, Bhikkhu, 2001: "The Jhānas and the Lay Disciple According to the Pāli Suttas", Buddhist Studies: Essays in Honour of Professor Lily de Silva, pp. 36-64.

解脫之門

總 策 劃　釋了意

監　　製　靈鷲山四期教育教材編審會

發 行 人　周美琴

出版發行　財團法人靈鷲山般若文教基金會附設出版社

地　　址　23444 新北市永和區保生路 2 號 21 樓

電　　話　(02)2232-1008

傳　　真　(02)2232-1010

網　　址　www.093books.com.tw

讀者信箱　books@ljm.org.tw

法律顧問　永然聯合法律事務所

印　　刷　國宣印刷企業股份有限公司

劃撥帳戶　財團法人靈鷲山般若文教基金會附設出版社

劃撥帳號　18887793

初版一刷　2024 年 7 月

定　　價　新台幣 250 元

I S B N　　978-626-98569-5-4（平裝）

國家圖書館出版品預行編目 (CIP) 資料

解脫之門／靈鷲山四期教育教材編審會監製 .
— 初版 . — 新北市 ：財團法人靈鷲山
般若文教基金會附設出版社，2024.07
　面；公分
ISBN: 978-626-98569-5-4（平裝）
1.CST: 佛教修持 2.CST: 佛教説法

225.87　　　　　　　　　　　　113010352

靈鷲山般若書坊